NA MINHA LÍNGUA EU QUE MANDO

Catalogação na Fonte
Elaborado por: Josefina A. S. Guedes
Bibliotecária CRB 9/870

C331m   Carvalho, Fernanda
2019   Na minha língua eu que mando / Fernanda Carvalho.
           1. ed. - Curitiba: Appris, 2019.
           111 p. ; 21 cm

           Inclui bibliografias
           ISBN 978-85-473-3312-6

           1. Língua inglesa – Estudo e ensino – Falantes de português. I. Título. II. Série.

                                                                                      CDD – 428.34

Editora e Livraria Appris Ltda.
Av. Manoel Ribas, 2265 – Mercês
Curitiba/PR – CEP: 80810-002
Tel: (41) 3156 - 4731
www.editoraappris.com.br

Printed in Brazil
Impresso no Brasil

Fernanda Carvalho

NA MINHA LÍNGUA EU QUE MANDO

Editora Appris Ltda.
1.ª Edição - Copyright© 2019 dos autores
Direitos de Edição Reservados à Editora Appris Ltda.

Nenhuma parte desta obra poderá ser utilizada indevidamente, sem estar de acordo com a Lei nº 9.610/98. Se incorreções forem encontradas, serão de exclusiva responsabilidade de seus organizadores. Foi realizado o Depósito Legal na Fundação Biblioteca Nacional, de acordo com as Leis nos 10.994, de 14/12/2004, e 12.192, de 14/01/2010.

FICHA TÉCNICA

EDITORIAL	Augusto V. de A. Coelho
	Marli Caetano
	Sara C. de Andrade Coelho
COMITÊ EDITORIAL	Andréa Barbosa Gouveia (UFPR)
	Jacques de Lima Ferreira (UP)
	Marilda Aparecida Behrens (PUCPR)
	Ana El Achkar (UNIVERSO/RJ)
	Conrado Moreira Mendes (PUC-MG)
	Eliete Correia dos Santos (UEPB)
	Fabiano Santos (UERJ/IESP)
	Francinete Fernandes de Sousa (UEPB)
	Francisco Carlos Duarte (PUCPR)
	Francisco de Assis (Fiam-Faam, SP, Brasil)
	Juliana Reichert Assunção Tonelli (UEL)
	Maria Aparecida Barbosa (USP)
	Maria Helena Zamora (PUC-Rio)
	Maria Margarida de Andrade (Umack)
	Roque Ismael da Costa Güllich (UFFS)
	Toni Reis (UFPR)
	Valdomiro de Oliveira (UFPR)
	Valério Brusamolin (IFPR)
ASSESSORIA EDITORIAL	Bruna Fernanda Martins
REVISÃO	Andrea Bassoto Gatto
PRODUÇÃO EDITORIAL	Lucas Andrade
DIAGRAMAÇÃO	Daniela Baumguertner
CAPA	Suzana vd Tempel
COMUNICAÇÃO	Carlos Eduardo Pereira
	Débora Nazário
	Karla Pipolo Olegário
LIVRARIAS E EVENTOS	Estevão Misael
GERÊNCIA DE FINANÇAS	Selma Maria Fernandes do Valle

AGRADECIMENTOS

A jornada para me tornar uma aluna mais confiante, uma professora e depois coach de neurolinguagem, e agora uma escritora, foi longa. No entanto não foi uma jornada solitária. Tive a sorte de ter muitas pessoas para me ajudar ao longo do caminho e, claro, Deus, que me abençoa em cada passo que dou em minha vida.

Primeiramente, gostaria de agradecer aos meus pais, que fizeram grandes sacrifícios para que eu pudesse estudar inglês e também me apoiaram para enfrentar todos os desafios profissionais que a vida trouxe para mim.

Também tive a sorte de ter amigos que me ajudaram a me sentir confiante em minhas habilidades linguísticas quando eu costumava duvidar de que poderia me comunicar com confiança em inglês, quanto mais ensinar outras pessoas a falar inglês.

Finalmente, eu nunca poderia ter escrito este livro sem o apoio de minha amada companheira, Carol, que acendeu em mim o desejo e a força para começar a escrever e ir até o fim. Mais uma vez, você ficou ao meu lado durante toda a alegria e de todo o sacrifício de escrever este livro.

Obrigada.

Communication is more than words.

When we communicate, we share universes.

(Fernanda Carvalho)

Comunicação é mais do que palavras.

Quando nos comunicamos compartilhamos o nosso universo.

You may not own the English language,

but you have the right to own the English you speak.

(Fernanda Carvalho)

Você pode até não ser dono da língua inglesa,

mas você tem o direito de ser dono do inglês que você fala.

PRÓLOGO

Aprendizes de inglês em todo o mundo tendem a colocar o desenvolvimento da língua inglesa nas mãos de uma única pessoa – o professor de inglês. E como os professores de inglês são notórios por serem competentes e entusiastas, isso é, na maioria das vezes, uma coisa boa. No entanto, em alguns contextos e para algumas pessoas, surgem problemas que as impedem de se sentirem bem ao aprenderem (ou ensinarem) o inglês. Por um lado, muitos professores de inglês estão sob pressão excessiva para ensinar os alunos a passarem em testes, obedecendo aos padrões nacionais que não parecem atender às necessidades reais dos alunos, ou seguindo um currículo rígido que desmotiva seus estudantes. Outros professores podem ser capazes de fornecer lições de inglês significativas, mas podem não ter um fôlego de treinamento profissional que lhes permita ir além, ajudando seus alunos a desenvolverem competência linguística ligada às lições e aos materiais imediatos; eles falham em ajudar os alunos a se tornarem autônomos quando se concentram nas lições em mãos, em vez de simultaneamente equiparem os alunos com as informações, ferramentas, confiança e atitude para realmente alcançarem seus objetivos. Essa lacuna no ensino de inglês para professores e alunos é exatamente o que este livro tão habilmente preenche!

Esta obra consegue fornecer informações complexas sobre o aprendizado baseado no cérebro e teorias de aprendizagem específicas de maneira acessível e concisa. Isso por si só garante que professores e alunos com vidas ocupadas sejam capazes de obter acesso às informações de ponta. No entanto a autora não apenas transmite a informação. Em vez disso, ela apresenta cenários e soluções práticas que outros professores e alunos podem aprender. Isso inclui maneiras práticas de incorporar o inglês ao longo de suas atividades diárias, o espaçamento de práticas para ajudar a solidificar o aprendizado, e também oferece uma linguagem específica para expressar uma mentalidade positiva voltada para o crescimento.

Outro destaque do livro reside no fato de que as pesquisas são efetivamente complementadas pelas próprias experiências de ensino e aprendizagem da autora. Ambas as experiências e seus insights e reflexões tornam a leitura envolvente e inspiradora. Alunos e professores podem se identificar com os relatos honestos de Fernanda a respeito de seus próprios fracassos e dúvidas ao longo de sua jornada de aprendizado e ensino de inglês. A vitória de Fernanda sobre seus vários altos e baixos dá aos professores e alunos a esperança e a confiança de que eles também podem fazê-lo com as ferramentas, motivação e atitude certas. A voz que essa aprendiz de inglês e professora encontrou em sua jornada pode verdadeiramente inspirar e capacitar muitos outros!

Professora doutora Zuzana Tomaš

Eastern Michigan University

Coautora dos livros Teaching writing *(2013),* Fostering international student success in higher education *(2015), e* Teaching effective source use: classroom approaches that work *(2017)*

APRESENTAÇÃO

Querid@ amig@,

Fico feliz que este livro tenha chegado as suas mãos! Você se importa se eu perguntar o que te trouxe a ele? Se eu pudesse adivinhar, diria que você está procurando uma maneira de se sentir mais confiante ao falar inglês. Talvez você tenha estudado por um tempo, mas você sabe que no fundo todo o seu potencial na língua ainda não foi descoberto. Apesar de estudar muito, parece que você não está progredindo, que seu vocabulário não está se expandindo e que sua ansiedade está sempre atrapalhando a sua comunicação, seja falada ou escrita. Ou talvez você reconheça que não tem estudado tanto quanto deveria, mas simplesmente não consegue encontrar tempo ou motivação para ser um aluno dedicado.

Mas espere! Você é um professor? Nesse caso, suponho que você esteja esperando encontrar neste livro novas maneiras de ajudar seus alunos a atingirem o próximo nível. Provavelmente porque, como eu, você se sente um pouco desapontado ao ver seus alunos desmotivados e frustrados com o desenvolvimento deles, mesmo que você esteja fazendo tudo o que pode para ajudá-los. Bem-vindo, meu querido professor, e obrigada por se importar com seus alunos!

Este livro é o resultado de 30 anos de experiência como aluna e professora. Já ensino inglês há 30 anos? Não, ainda não. No entanto, desde que nascemos, todos nós nos tornamos estudantes e professores e, se você tiver sorte e for inteligente, fará o possível para permanecer assim pelo resto de sua vida. Ensinar e aprender andam de mãos dadas e a beleza está na forma como as pessoas se mantêm conectadas por essa relação, que é alimentada pela colaboração, empatia e paciência.

O objetivo deste livro é fornecer orientação e encorajamento para os alunos de inglês ou qualquer outra língua. No entanto posso garantir que o conhecimento que você encontrará nestas páginas será útil em muitas outras áreas de sua vida. Todos nós nascemos com a capacidade de aprender. Poucos de nós sabemos como maximizar essa capacidade, criando as melhores condições cerebrais para que o aprendizado efetivo aconteça e dando-lhe o impulso de energia que todos nós precisamos para continuar aprendendo.

Nestas páginas cuidadosamente escritas, você encontrará uma combinação de neurociência social, linguística aplicada, coaching de idiomas, teorias de aprendizado de segunda língua e até autoajuda. Este é um livro escrito por alguém que é apaixonada por aprender e ensinar, com uma profunda crença nas pessoas e um ardente desejo de ajudar os indivíduos a terem sucesso em todas as áreas de suas vidas. Na próxima seção gostaria de apresentar este "alguém" para você.

Parabéns! Você deu o primeiro passo para se tornar um aprendiz ainda melhor! Siga em frente!

SUMÁRIO

PRAZER EM CONHECÊ-LO!
(INTRODUÇÃO) 15

1
GROWTH MINDSET X FIXED MINDSET.
QUAL É O SEU? 21

2
CONSISTÊNCIA – XÔ PREGUIÇA! 29

3
MOTIVADO A APRENDER OU
OBRIGADO A APRENDER? 35

4
O QUE EU FAÇO COM MEU SOTAQUE? 41

5
FLUÊNCIA QUE É BOM, NADA! 47

6
MELHORANDO SUA COMUNICAÇÃO
POR MEIO DA ATENÇÃO PLENA 53

7
FALAR INGLÊS COM QUEM?
HORA DE ENCONTRAR SUA TURMA! 59

8
LÍNGUA NATIVA – AMIGA OU INIMIGA?............67

9
LEVE SEU MUNDO PARA A SALA DE AULA!............71

10
RELAXA! NEM SEMPRE É SUA CULPA!............75

11
A LÍNGUA É SUA!............79

12
ESTRATÉGIAS PRÁTICAS PARA MELHORAR SUA COMUNICAÇÃO EM INGLÊS............83

PALAVRAS FINAIS DA AUTORA............109

PRAZER EM CONHECÊ-LO!
(INTRODUÇÃO)

Uma vez participei de uma apresentação sobre networking na Eastern Michigan University. Essa foi uma apresentação para estudantes calouros e o objetivo era conscientizá-los sobre as partes de sua identidade que eles gostariam de revelar quando se apresentassem. O palestrante explicou que podemos moldar a forma como as pessoas nos veem escolhendo o que queremos mostrar e como queremos fazer isso. Quase um ano depois dessa apresentação estou decidindo como quero me apresentar a você, meu amig@, e o que quero que você veja.

Bem, em primeiro lugar, quero que você saiba que sou aluna e professora, o dia todo, o tempo todo. Perceber esses dois papéis essenciais na minha vida realmente mudou a maneira como eu levo meu dia, porque isso me faz sentir humilde e poderosa ao mesmo tempo, e reconhecer o meu valor na sociedade. Eu sou totalmente capaz de aprender e sou totalmente capaz de ensinar. E você também!

A segunda coisa que eu gostaria que você soubesse é que eu sou brasileira e tenho muito orgulho disso! Eu tenho um sotaque brasileiro lindo quando falo inglês, digo coisas em inglês que só brasileiros conseguem entender completamente e vejo valor na minha língua nativa, mesmo quando estou aprendendo outras línguas. Demorei um pouco para perceber que minha língua e cultura nativas são meus bens, em vez de minhas inimigas, quando estou aprendendo inglês. Quando percebi isso consegui melhorar meu inglês com muito mais facilidade. E você? Já notou o quão bonito é o seu sotaque? Você sabe como usar seu idioma nativo para ajudá-lo a aprender inglês?

Posso ser honesta com você? Foi muito fácil aprender inglês, mas EXTREMAMENTE difícil me comunicar. Foi uma longa jornada até que eu pudesse me sentir realmente confiante para falar, até que eu pudesse realmente entender o que as pessoas estavam dizendo. Sinto-me confiante o tempo todo? Entendo as pessoas o tempo todo? Não vou mentir, porque a resposta é um grande NÃO! Não se preocupe! Eu vou falar mais sobre isso nos próximos capítulos. Agora, deixe-me contar uma história não tão curta.

Aprendi inglês no método áudio-lingual, que consiste em muita repetição e tradução. Eu tinha 13 anos, a melhor aluna da minha turma, sabia todas as respostas, tinha muito vocabulário. Quando eu tinha 19 anos, comecei meus estudos de graduação na Universidade Federal Fluminense, no Brasil, com especialização em Língua e Literatura Inglesa e Portuguesa. Eu estava muito animada e me sentindo muito bem com minhas habilidades em inglês até o primeiro dia de aula. Diferente da minha aula no método áudio--lingual, não havia repetição ou tradução. Meu professor e meus colegas de classe falavam naturalmente e rapidamente, enquanto eu levava séculos para formular minhas próprias frases. Veja o que estava acontecendo em minha mente:

- 1º Passo: meu professor perguntava alguma coisa.

- 2º Passo: meu cérebro tentava traduzir a questão.

- 3º Passo: meu cérebro tentava entender a questão.

- 4º Passo: meu cérebro formulava uma resposta em português.

- 5º Passo: meu cérebro traduzia a frase para o inglês.

- 6º Passo: finalmente, eu conseguia dar uma resposta ao meu professor.

Uau, que trabalho danado! Você consegue imaginar quanto tempo eu passava nesse processo? E eu nem mencionei o quanto ficava nervosa durante esse processo porque sabia que as pessoas estavam esperando uma resposta rápida e meus colegas ficavam olhando para mim como se estivessem pensando "Qual é o problema dela?

Ela não vai responder a pergunta? Ela não entendeu a pergunta?". Dentro da minha cabeça e do meu coração havia um terrível tique-taque-tique-taque e milhões de pensamentos de insegurança em minha mente. Soa familiar para você?

Depois de passar por todo esse estresse duas ou três vezes, eu finalmente decidi sentar na fila de trás e sempre orar a Deus para que a professora não me perguntasse mais nada. Eu não olhava a professora nos olhos, eu só queria que ela esquecesse que eu existia! E essa foi a minha vida na universidade por dois anos. Não foi um uso muito produtivo do meu tempo, não é? Essa experiência criou uma barreira psicológica em meu cérebro, fazendo-me realmente acreditar que não era capaz de falar ou entender inglês.

No entanto eu nunca fui de desistir na minha vida! Contratei um professor particular para me ajudar a superar meu medo de falar inglês em sala de aula, embora meu orçamento estivesse extremamente apertado naquela época. Mas aqui está o segredo para crescer na vida: se você não investir, não terá retorno! Se você quer muito algo, você tem que se concentrar e trabalhar duro para isso! Se você fizer isso, os bons resultados virão, como sementes que você planta esperando pela primavera. Mas se você continuar reclamando e não agindo em direção ao seu objetivo, a primavera chegará e você não terá nenhuma colheita.

Com muito foco, trabalho duro e investimento, minha confiança começou a crescer e comecei a me desafiar para dizer pelo menos uma frase a cada aula. Por fim, virei uma das alunas mais participativas da minha aula de literatura. Até que um dia, um amigo me recomendou para dar aulas em uma escola de idiomas, a mesma em que eu havia estudado antes. Embora eu estivesse me sentindo mais confiante, meu inglês ainda era MUITO fraco! Eu não era fluente e não falava rápido e naturalmente, como eu acreditava que deveria. Como eu poderia ensinar alguém se não sabia o suficiente nem para mim mesma? O que eu não sabia naquela época era que não importa quem você é ou o quanto você sabe, sempre haverá algo para ensinar e aprender. Isso é exatamente o que aconteceu comigo. Mesmo me sentindo apavorada, aceitei o desafio, especialmente porque realmente precisava do emprego. Como eu estava ciente das minhas habilidades ainda limitadas no inglês, comecei a estudar ainda mais, preparando minhas aulas com antecedência para prever quaisquer dúvidas que os alunos pudessem ter e prevendo as palavras que eu precisaria usar para conversar com eles. É incrível ver o quanto aprendemos quando ensinamos, quando nos comprometemos com o desafio e nos concentramos em alcançar nossos objetivos.

Eu te disse que essa não seria uma história curta! Aguenta aí comigo, meu amig@!

Alguns anos mais tarde, quando eu tinha 23 anos, consegui um emprego para ensinar português e inglês offshore em uma plataforma de petróleo. Esse foi o primeiro contato que tive com estrangeiros em minha vida. Para minha amarga surpresa, eu não conseguia entender completamente o que eles estavam dizendo! Havia tantos sotaques, piadas e vocabulário informal! Era totalmente diferente da linguagem que eu estava acostumada a ouvir e usar na minha vida naquela época. Na universidade, usávamos linguagem acadêmica, vocabulário formal e eu só falava com brasileiros. No meu novo emprego, as pessoas vinham de todas as partes do mundo. Agora, imagine a minha decepção e a minha frustração ao perceber que a professora de inglês (eu mesma) não era capaz de entender os falantes de inglês! Então, como primeiro passo, comecei a fugir das conversas, o que provavelmente me fez parecer muito antissocial. Ou, quando eu não entendia completamente alguma coisa, apenas acenava com a cabeça e sorria. Bem... Depois de um tempo respirei fundo e decidi desenvolver estratégias para lidar com essa situação até conseguir me comunicar com sucesso. Mas o que significa comunicar-se com sucesso? Quais estratégias eu criei? Eu prometo que vou falar sobre isso nos próximos capítulos, ok?

Eu sou muito grata pelas lições incríveis que aprendi nesse emprego! Depois de quase três anos, decidi que era hora de novas aventuras e experiências. Então larguei meu emprego e comecei minha pós-graduação em Linguística Aplicada, e também comecei a trabalhar como professora na Universidade Federal Fluminense, minha amada instituição, onde comecei minha vida acadêmica. Durante esse tempo, abri meu próprio negócio como professora particular e também conquistei um certificado como tradutora e intérprete. Embora eu estivesse muito feliz com essas novas conquistas como aprendiz e professora, ainda faltava algo.

Desde criança eu sonhava em morar nos Estados Unidos. Com o passar do tempo esse sonho foi sendo esquecido, pois eu nunca conseguia economizar dinheiro para a viagem, já que vivia com um orçamento apertado e minha família não podia me ajudar financeiramente. Até que, um belo dia, uma amiga me contou sobre o programa de Assistente de Ensino de Língua da Fulbright. Candidatos selecionados para ser um Fulbrighter poderiam ir para os EUA para ensinar seus idiomas nativos em uma universidade por nove meses, tendo todas as suas despesas pagas. Esse parecia ser o meu sonho se tornando realidade! No entanto era um programa altamente competitivo. Cinquenta e nove ex-alunos da Fulbright receberam prêmios Nobel, enquanto 37 serviram como chefes de estado ou de governo. Você tem ideia do quão brilhantes essas pessoas devem ser? Bem, eu não tinha nada a perder, então eu apliquei e adivinhem?! Fui selecionada!

Passei nove meses incríveis ensinando português a estudantes americanos e inglês a estudantes internacionais do Nepal, China, Vietnã, Índia, Brasil e Guiné. Tantas boas lembranças e bons amigos que fiz lá! Durante esses nove meses decidi que queria cursar o mestrado nos EUA, apesar de não ter dinheiro para isso. Uma vez eu li que "bolsos vazios nunca seguraram ninguém... São apenas cabeças vazias e corações vazios que fazem isso", e isso sempre foi verdade em minha vida. Com muita network, talento e fé, consegui uma bolsa no Holman Success Center, na Eastern Michigan University, onde me tornei instrutora do curso Introdução à Universidade e também uma coach para o sucesso acadêmico dos alunos. O curso de Introdução à Universidade era um curso para estudantes calouros para ajudá-los a desenvolver habilidades para ter sucesso na vida acadêmica. Essa bolsa cobriu 100% da minha mensalidade e também me dava um salário mensal. Essa é a história de como eu conquistei meu mestrado em Ensino de Inglês para Falantes de outros Idiomas, tendo meus bolsos vazios, mas um coração e uma mente cheios. Nesse período também me tornei uma neurolanguage coach® e expandi meu negócio de ensino online.

Prazer em conhecê-l@, meu nome é Fernanda Carvalho. Eu costumava duvidar de que poderia me sentir confiante falando inglês até que eu descobri meu potencial como aluna e professora. Eu era aquela que se escondia na fileira de trás e me tornei uma Fulbrighter, instrutora e coach em uma universidade americana. Estou escrevendo este livro para dizer que VOCÊ É CAPAZ!

1

GROWTH MINDSET X FIXED MINDSET. QUAL É O SEU?

"Eu não quero aprender inglês, quero melhorar o meu inglês!".

Você já ouviu falar sobre os conceitos de growth mindset e fixed mindset? Você pode não saber o que eles significam, mas seu comportamento e mentalidade provavelmente tendem mais a um ou outro. Em seu livro *Mindset: a nova psicologia do sucesso*, Carol Dweck explica que as pessoas que adotam o growth mindset acreditam que sua inteligência pode ser desenvolvida. Dessa forma elas têm mais desejo em aprender, enfrentar desafios e aprender com seus erros porque elas entendem que erros fazem parte do processo de aprendizagem. Já as pessoas que têm o fixed mindset veem a inteligência como algo fixo. Sabe aquelas pessoas que dizem assim "Eu não sou bom em matemática" ou "Não tem jeito, isso aí não é pra mim"? Essas pessoas acabam se sentindo desmotivadas quando erram ou quando encontram desafios a ponto de até desistirem do que estão fazendo. Elas acham que alguns nascem com talentos para certas coisas e outras não. Fazer o quê, não é?

"Tudo bem, Fernanda, mas o que isso tem a ver com a aprendizagem de línguas?". Basicamente, TUDO! Quando você adota o growth mindset, você envia mensagens de encorajamento ao seu cérebro, dando-lhe a energia e o suporte de que precisa para continuar aprendendo. Além disso, adotar uma mentalidade de crescimento permite que você aprenda com as experiências, aumentando seu crescimento neural. Por outro lado, o fixed mindset traz mensagens de insegurança, que atrasam o desenvolvimento do seu aprendizado ou até mesmo o impedem de aprender coisas novas.

O ponto-chave aqui é: uma mudança de mentalidade traz mudança de ações. Se você acredita que é incapaz de se tornar um bom falante de inglês, você sempre se concentrará em suas fraquezas, não aprendendo com elas e dando menos importância aos seus sucessos. Mas se você acredita que pode crescer como um aprendiz de idiomas verá as dificuldades em seu processo de aprendizado como oportunidades de crescimento que fortalecerão suas habilidades, e assim você se sentirá orgulhoso de suas conquistas em cada etapa do processo.

Agora que você sabe o que é growth mindset e fixed mindset, vamos refletir sobre sua própria mentalidade ao estudar um novo idioma.

Que mensagens você envia para o seu cérebro enquanto estuda inglês? Você duvida de si mesmo? Alguma das frases abaixo soa familiar para você?

Eu nunca vou aprender isso.

Por que não consigo falar como você?

Eu não falo bem.

Eu não falo inglês.

Meu inglês não é bom.

Eu não consigo pronunciar essa palavra!

Por que o inglês é tão difícil?

Eu quero falar inglês.

COISAS QUE ALUNOS GERALMENTE DIZEM	TEM CERTEZA DE QUE VOCÊ QUER CONTINUAR REPETINDO ISSO?
O inglês é muito difícil! Por que o inglês é tão difícil?	Não existe uma língua que seja mais difícil do que outra. Algumas línguas terão um sistema linguístico parecido com sua língua nativa, outras um sistema mais diferente. Então, sim, as línguas são diferentes! O nível de dificuldade vai depender mais de quanto esforço e tempo você investirá para aprender a língua do que na língua propriamente dita.
Por que não consigo falar como você?	Cada pessoa é única e a maneira como cada um se expressa é única também. Então, abrace o seu estilo de fala! Não há problema em ter um modelo, alguém que tenha habilidades comunicativas que você admire. Isso é até legal! Na verdade, você pode aprender muito observando essas pessoas. Mas desejar falar como alguém pode ser frustrante e inatingível porque se comunicar também tem a ver com a personalidade de cada um. Mesmo em sua língua nativa, tenho certeza de que você não fala exatamente como outro falante nativo. Então tenha alguns bons modelos, mas procure encontrar sua própria voz.
Eu não falo bem. Meu inglês não é bom.	Em primeiro lugar, ninguém precisa saber que você não fala bem. Quando começamos uma conversa com alguém dizendo "Ah, eu não falo bem", a única coisa que essa pessoa vai ter em mente durante a conversa é que você não fala bem, porque essa foi a primeira imagem que você transmitiu sobre si mesmo. Além disso, você está enviando uma mensagem negativa ao seu cérebro quando diz isso. Imagine que você tem um filho que quer ser jogador de futebol. Então, em seu primeiro jogo, você vem até ele e diz "Você não joga bem, mas vá em frente e faça o seu melhor!". Como você acha que seu filho se sentiria? Você acha que seu comentário teria um bom impacto no desempenho dele? Provavelmente não, certo? O mesmo acontece com nosso cérebro. Enviar mensagens positivas para o seu cérebro não significa que você se tornará fluente de repente, mas as chances de sucesso serão muito maiores. Então não custa tentar!

Eu não falo inglês.	Eu vejo muitos alunos dizendo isso! Quando fazemos isso, estamos mentindo para nós mesmos e para outra pessoa. O que significa "falar inglês" para você? Significa falar como um falante nativo? Bem, nós não somos falantes nativos de inglês, então pare de colocar essa pressão sobre você mesmo. Talvez você pense que não sabe falar inglês porque há situações em que você não consegue entender muito ou mesmo falar sobre um tópico específico. Se esse é o caso, não se apavore! Essas situações acontecem até mesmo em sua língua nativa. Por exemplo, se eu lhe pedir para falar sobre biologia marinha em sua língua nativa você vai conseguir? Tenho certeza de que eu não conseguiria! Então relaxe! É difícil se comunicar em situações com as quais não temos familiaridade alguma.
Eu não consigo pronunciar essa palavra. Eu não consigo entender isso. Nunca vou aprender isso.	"Não consigo" é uma palavra que você deve eliminar do seu dicionário mental. Quando você diz "não consigo" está dizendo que não é capaz de fazer algo, que não tem nenhuma chance de aprender a fazer isso com sucesso. Mas por quê? É isso que você realmente pensa sobre si mesmo? Mais uma vez, pense no seu cérebro como se fosse uma criança. Você diria aos seus filhos: "Eu não acho que você consegue fazer isso", enquanto eles estão fazendo o dever de casa? Como você acha que eles se sentiriam se você dissesse coisas assim para eles toda vez que eles tentassem fazer algo difícil?
Eu quero falar inglês. Eu quero aprender inglês.	Muitos alunos me procuram dizendo "Quero ter aulas para aprender inglês" ou "Quero ter aulas para aprender a falar inglês". Qual é o problema com isso? Quando você diz isso, a mensagem que está enviando para o seu cérebro é que você não sabe inglês ou não fala inglês. Em alguns casos, é verdade, quando a pessoa nunca estudou inglês na vida. Mas esse não é o caso se você estuda inglês há algum tempo. Mais uma vez, pare de mentir para o cérebro ou subestimar o que você já é capaz de fazer.

"Ok, Fernanda! Agora que você me tirou as minhas frases mais usadas, o que eu vou dizer para substituí-las?".

COISAS QUE OS ALUNOS GERALMENTE DIZEM	O QUE VOCÊ ACHA DE SUBSTITUIR ESSAS FRASES?
O inglês é muito difícil. Por que o inglês é tão difícil?	Você sabe como o dicionário define a palavra "difícil"? Difícil: algo que não é fácil de fazer, lidar ou entender; condições ou situações difíceis causam muitos problemas e dificultam o seu sucesso; não é conveniente, ou envolve muitos problemas. Como você pode ver, não há absolutamente nada de positivo em dizer que algo é difícil. Vamos verificar a palavra "desafiador": Desafiador: difícil de lidar ou alcançar, mas interessante e agradável. Você vê a diferença? Então, por que não dizer: Inglês é um desafio! + mas eu gosto disso! + mas é divertido! + mas é interessante!
Por que não consigo falar como você?	Sua pronúncia é tão clara. Você pode me dar algum conselho sobre o que eu poderia fazer para pronunciar o "th" mais claramente? Eu quero focar nas minhas habilidades de conversação para falar um pouco mais rápido. Você poderia sugerir algumas atividades para me ajudar nisso?
Eu não falo bem. Meu inglês não é bom.	**Situação A** Alguém: Você fala inglês bem! Você: Obrigado! Fico feliz em ouvir isso! **Situação B:** Professor: (primeiro dia de aula) Como posso te ajudar? Você: Eu quero melhorar meu inglês para participar de reuniões no trabalho. / Quero melhorar meu inglês porque viajarei em breve.
Eu não falo inglês.	**Situação A:** Se você realmente não sabe absolutamente nada em inglês. Então, tudo bem dizer isso. **Situação B:** Eu sei algumas frases em inglês e também consigo entender algumas coisas.

Eu não consigo pronunciar essa palavra. Não consigo entender isso. Nunca vou aprender isso.	Essa parte é mais desafiadora. Preciso passar mais tempo praticando isso. Você pode sugerir alguma atividade extra para me ajudar?
Eu quero falar inglês. Eu quero aprender inglês.	Eu já falo inglês + quero melhorar a minha conversação e minha compreensão auditiva + quero ganhar mais vocabulário + quero melhorar a minha compreensão auditiva.

Você consegue ver a diferença entre enviar mensagens positivas e negativas ao seu cérebro? Não se trata apenas de aprender inglês, mas de lidar com qualquer situação na vida. Algumas pessoas podem ironicamente dizer: "Tudo bem! Eu serei positiva e então me tornarei fluente! Isso não faz sentido". O que eu tenho a dizer para essas pessoas é: primeiro, você não vai se tornar fluente apenas porque está sendo positivo. No entanto ser positivo irá mantê-lo mais motivado para aprender e aumentar sua autoconfiança. Além disso, não se trata apenas de ser positivo, mas de adotar o growth mindset que irá motivá-lo a enfrentar desafios e aprender com eles, resultando em mais conquistas em seu processo de aprendizagem. Em segundo lugar, o que você perde adotando uma perspectiva mais positiva no seu aprendizado? Pense nisso!

Outras pessoas podem dizer: "Mas você está sugerindo que eu minta para mim mesmo sobre como me sinto sobre minhas habilidades em inglês". Bem, dê uma olhada nas minhas sugestões mais atentamente e veja se elas são realmente falsas ou irrealistas. Se você olhar atentamente, verá que é apenas uma mudança entre se ver como "incapaz" e assumir o controle de seu próprio processo de aprendizado. Se você identificar algo que seja desafiador para você, seja capaz de reconhecê-lo e encontrar uma possível solução. Essa é uma das diferenças entre ter o growth mindset e o fixed mindset.

Adotar o growth mindset nos permite expandir nosso conhecimento com mais facilidade, transformando decepções e frustrações em oportunidades de reflexão e crescimento. No entanto uma mudança de mindset não é como apertar o botão do controle remoto e mudar de canal. Isso leva tempo, disciplina e prática. Por isso, acredito que a palavra certa seja "cultivar" em vez de "adotar" o growth mindset. Cursos e treinamentos são oferecidos para ajudar pessoas em empresas e escolas a cultivar o growth mindset, ou seja, essa mudança é algo que requer o seu esforço e atenção diária para mudar a forma como você se vê e vê o mundo a sua volta.

Então, que mindset você está disposto a cultivar como aprendiz de idiomas?

Se você quiser saber mais sobre growth mindset, sugiro que pesquise as referências a seguir:

- <www.mindsetworks.com>.
- The power of believing that you can improve, by Carol Dweck.
- <https://www.youtube.com/watch?v=_X0mgOOSpLU>.
- Mindset: The New Psychology of Success, by Carol Dweck.

CONSISTÊNCIA – XÔ PREGUIÇA!

Você já ouviu falar sobre neuroplasticidade? Basicamente, refere-se à nossa capacidade cerebral de mudar, independentemente da idade ou possíveis deficiências. Somos capazes de adquirir novos hábitos, aprender coisas novas e mudar nossa mentalidade. No entanto é preciso muito esforço para fazer isso. Precisamos dar tempo e consistência ao nosso cérebro para criar novos caminhos neurais. Lembro-me de quando comecei a dirigir nos EUA. Eu realmente achava que nunca seria capaz de me livrar do meu GPS para chegar à universidade. Eu simplesmente não conseguia lembrar o caminho para chegar lá, embora parecesse bem simples. Eu provavelmente usei o GPS por dois meses até que um dia eu decidi correr o risco e dirigir sem ele. Graças a Deus, cheguei ao meu destino em segurança e, depois daquele dia, nunca mais usei o GPS para chegar lá. Esse exemplo prático ilustra o que acontece com o nosso cérebro também. A prática e a consistência fortalecem as vias neurais em nosso cérebro até que o novo hábito se torne automático e, em alguns casos, até prazeroso.

Se você é um aprendiz visual, o esquema a seguir vai te ajudar a entender melhor o que estou dizendo.

Quando você está estudando uma nova língua e vê algo novo pela primeira vez, aqui está uma representação bem simples do que provavelmente acontece no seu cérebro.

Daí, se na próxima aula você estudar aquele tópico em mais detalhes, veja o que acontece no seu cérebro.

--------- ------ --- ------ --- -------- ---- ---------- -------- -----

Na aula seguinte, você se sente confiante para praticar mais, o que vai ajudar seu cérebro a fortalecer as conexões que você está criando.

----------------- ------ -------- ---------------- ------ ---------- ------------- ------------- -------

Com o passar do tempo, você continua revisando e praticando o que aprendeu até a conexão neural ficar tão forte que se torna automática ou, dependendo do que você está aprendendo, torna-se um novo hábito.

Agora, vamos pensar em outro cenário. O que geralmente acontece em aulas de idiomas é que vemos um tópico específico por uma ou duas semanas e, depois disso, paramos de praticar ou revisitar esse tópico, não dando tempo, prática e consistência suficiente ao nosso cérebro para formar uma forte conexão neural. Então você consegue adivinhar o que acontece? Se você disse "A pessoa sente que não está aprendendo nada, porque parece que não consegue lembrar ou usar as novas estruturas corretamente", você está correto! Se você é uma dessas pessoas que dizem: "Não sou bom em aprender idiomas", faça as seguintes perguntas a si mesmo:

1. Tenho tido tempo suficiente para estudar sozinho?
2. Tenho praticado minhas habilidades linguísticas o suficiente?

3. Tenho tido contato com o idioma durante o meu dia? Por exemplo: assistindo a filmes, programas de TV, lendo notícias, participando de blogs etc?

4. Tenho incorporado a nova língua ao meu dia a dia e vice-versa?

Consistência é a chave! Veja o exemplo do meu aluno imaginário "Z". Z está planejando se candidatar a uma vaga melhor na sua empresa, mas sabe que suas habilidades em inglês precisam ser muito melhores para que ele possa ter uma chance de conseguir uma posição mais alta. Então ele se deu seis meses para se sentir confiante o suficiente para ir a uma entrevista em inglês. Ele contratou um coach de inglês para ajudá-lo a atingir esse objetivo. Após o primeiro encontro com seu coach, Z percebeu que, se quiser melhorar seu inglês em seis meses, precisará trabalhar duro e ter mais consistência. Seu coach encorajou-o a pensar sobre a importância de incorporar o inglês à sua rotina. Então aqui está o cronograma que eles planejaram juntos.

	SEGUNDA	**TERÇA**	**QUARTA**	**QUINTA**	**SEXTA**
Manhã	Quando: a caminho do trabalho.	Quando: a caminho do trabalho.	Quando: a caminho do trabalho.	Quando: a caminho do trabalho.	Quando: a caminho do trabalho.
	Tempo: 10 minutos.	Tempo: 6 minutos.	Time: 10 minutos.	Time: 6 minutos.	Time: 10 minutos.
	Atividade: revisão rápida da aula anterior.	Atividade: escutar um podcast.	Atividade: ler uma notícia	Atividade: Escutar um podcast.	Atividade: revisão rápida da aula anterior.
Tarde	Quando: horário de almoço.	Quando: horário de almoço.	Quando: horário de almoço.	Quando: horário de almoço.	Quando: horário de almoço.
	Tempo: 5 minutos.	Tempo: 5-10 minutos.	Tempo: 5 minutos.	Tempo: 5-10 minutos.	Tempo: 5-8 minutos.
	Atividade: assistir a um vídeo no Youtube.	Atividade: escrever no meu diário de aprendizado.	Atividade: assistir a um vídeo no Youtube.	Atividade: escrever no meu diário de aprendizado.	Atividade: escrever um post no Facebook.

Noite	Quando: na volta do trabalho.	Quando: na volta do trabalho.	Quando: na volta do trabalho.	Quando: na volta do trabalho.	Quando: na volta do trabalho.
	Tempo: 15-20 minutos.	Tempo: 30 minutos.	Tempo: 30-40 minutos.	Tempo: 30 minutos.	Tempo: 30-40 minutos.
	Atividade: escrever frases usando palavras da última lição.	Atividade: gravar-me e depois me ouvir falando sobre o tópico da lição anterior.	Atividade: assistir ao meu seriado favorito.	Atividade: gravar-me e depois me ouvir falando sobre a minha semana.	Atividade: assistir ao meu seriado favorito.

Como você pode ver, Z incorporou momentos curtos de "estudo" em sua rotina diária, cerca de uma hora de inglês no total. Sua agenda de estudo tem momentos de input (receber informações por meio da leitura/escuta) e de output (produzir informações por meio da fala/escrita). No sábado, Z tem uma sessão de uma hora com o seu coach, na qual ele tem a chance de praticar sua conversação e esclarecer dúvidas que ele teve durante a semana enquanto ele estava estudando sozinho.

Muitos estudantes se queixam de não ter tempo suficiente para estudar inglês por causa de sua agenda lotada. Esta queixa é geralmente baseada em uma falsa crença de que eles precisam estudar por horas todos os dias. Bem, se você está estudando para um teste como o TOEFL ou o IELTS, provavelmente estudará por horas todos os dias. Mas, se esse não for o caso, pequenas porções de estudo ao longo do dia devem ser suficientes para impulsionar o desenvolvimento da sua comunicação.

Nosso cérebro aprende melhor com a repetição espaçada, o que significa que estudar o present perfect às terças, quintas e sábados, por exemplo, é mais produtivo e eficiente do que estudá-lo todos os dias. Dessa forma, seu cérebro tem tempo para processar as novas informações, revisitá-las e criar fortes conexões neurais para armazenar o novo conhecimento em sua memória de longo prazo. Até mesmo voltar ao que você estudou naquele mesmo dia pode ser benéfico como uma maneira de refrescar sua memória. Mas a repetição espaçada não funciona sem consistência. A consistência garante que os novos hábitos que você está tentando adquirir se tornem automáticos. O processo é o mesmo de aprender a dirigir. Quando você tem suas primeiras aulas de direção, você pensa em cada passo que dá, desde ligar o carro até olhar os espelhos laterais. Nada é automático no começo. Você está tenso e tentando se lembrar de tudo que precisa fazer. Mas com o passar do tempo, todos esses passos se tornam automáticos. Você não pensa em mudar de marcha, você simplesmente muda. Essa automaticidade só acontece porque você teve muita prática, certo? A mesma coisa acontece com uma criança quando os pais a ensinam que precisa escovar os dentes depois do almoço. Ela precisa ser lembrada de fazê-lo até adquirir o novo hábito.

3

MOTIVADO A APRENDER OU OBRIGADO A APRENDER?

Antes de entrarmos de cabeça nesta seção, reflita sobre estas questões: o que é motivação? A motivação é um fator-chave quando se aprende outro idioma? Por quê?

Eu acho que motivação é

_____
_____
_____
_____
_____

Motivação é / não é um fator-chave porque:

_____
_____
_____
_____
_____

Bem, existem muitas teorias sobre motivação e muitos livros são escritos todos os anos sobre esse tópico. Mas em vez de mergulhar em teorias, vamos tornar esse tópico o mais útil e prático possível para ajudar você a atingir suas metas no idioma. As ideias que apresentarei neste capítulo foram aprendidas enquanto eu fazia o curso de treinamento em neurolinguistica com a neurolanguage coach® Rachel Pealing. Ela escreveu o livro *Brain friendly language learning: neurolanguage coaching*, que eu super recomendo.

Motivação é o que energiza você! É a sua visão de onde você quer chegar e como você quer chegar lá. Mas há uma diferença entre o que você TEM que fazer e o que motiva você. Por exemplo, alguns alunos vêm até mim dizendo que precisam aprender inglês para o trabalho deles e, no seu entender, essa é a sua motivação. No entanto, mesmo que eles precisem de inglês no seu trabalho, esse motivo não é suficiente para energizá-los. Pelo contrário, eles se sentem estressados e irritados porque têm que aprender a língua, embora não queiram. Algumas pessoas são pressionadas a aprender inglês por diferentes razões. Os adolescentes são mandados às escolas de idiomas pelos pais, os executivos são pressionados pelas empresas e os universitários são pressionados por todos os artigos que precisam ler e escrever em inglês.

Como você pode imaginar, nenhuma dessas razões energiza as pessoas ou lhes traz prazer. Na verdade, às vezes eles fazem mais mal do que bem, trazendo estresse para os alunos. Então, o que eu vou sugerir é uma mudança de mentalidade, trazendo seus objetivos para um nível mais pessoal. Reflita um momento nesta questão:

Como você acha que sua vida mudará quando você conseguir se comunicar fluentemente em inglês?

Vamos pegar meu aluno X como exemplo. X não suporta estudar inglês, mas se vê obrigada a fazer isso porque sua empresa oferece aulas de inglês para todos os funcionários. Então ela tem medo que seu chefe possa achá-la ingrata ou preguiçosa se ela não aproveitar essa oportunidade. Quando perguntada sobre o que a motiva, X disse que sua motivação é o fato de poder aprender inglês de graça. Bem, o fato de ela poder ter aulas gratuitas não a motiva. Na verdade, essa é uma de suas fontes de estresse porque ela vê isso como uma obrigação.

Como podemos ajudar X a encontrar sua motivação real, o que a energiza? Em sua sessão de coaching, X disse que se sente muito desconfortável quando precisa viajar para o exterior para trabalhar porque não consegue entender as pessoas muito bem e vice-versa. Ela se sente tão desconfortável que prefere não ser recrutada para essas viagens. Então, quando lhe foi feita a pergunta: "Como você acha que sua vida mudará quando você for capaz de se comunicar fluentemente?", X disse: "Acho que vou poder aproveitar minhas viagens ao exterior porque vou poder interagir com as pessoas e me sentir mais confiante para visitar alguns pontos turísticos durante o meu tempo livre".

Perfeito! X achou sua motivação! Agora, ela pode ter essa visão de si mesma indo em sua próxima viagem, interagindo com as pessoas e aproveitando o novo lugar. Essa visão se tornará o fator-chave para motivá-la a continuar aprendendo e praticando o idioma. Você viu como mudamos de "Eu tenho que estudar porque minha empresa está oferecendo aulas de inglês gratuitas" para "Eu quero melhorar meu inglês para poder interagir com as pessoas na minha próxima viagem"? Quando você é capaz de conectar sua motivação a algo pessoal e de importância para você, parece que você está recarregando seu cérebro para continuar aprendendo.

Quando não conseguimos encontrar nossa motivação, tornamo-nos aprendizes apáticos, apenas estudando porque "temos que". Essa falta de energia atrasa o processo de aprendizagem e dificulta a retenção de informações na memória de longo prazo. Esta pode ser uma das razões (NÃO a única) por que alguns alunos sentem que nunca progridem no idioma, permanecendo sempre no mesmo estágio. Você acha que esse é o seu caso?

Qual era minha motivação antes de ler este capítulo?

_____

_____

_____

_____

O que me motiva agora?

_____

_____

_____

_____

É importante ter em mente que encontrar sua motivação também pode ser uma questão de perspectiva. Podemos escolher colocar o inglês em um lugar ruim, como aquela coisa que nos traz medo e ansiedade, ou começar a construir nosso growth mindset para ver o inglês como uma porta para trazer novas oportunidades.

Uma mudança nas perspectivas provavelmente resultará em uma mudança de ações também. Quando pensamos em algo que nos traz a sensação de perigo e medo, uma área do nosso cérebro chamada amígdala ativa o sistema límbico, que tem como uma de suas funções desencadear reações de fuga ou de luta. Você consegue pensar racionalmente quando está em perigo ou com medo? Provavelmente não, porque ativamos nosso modo de sobrevivência para escapar da situação. Então nossos recursos cognitivos são limitados para que possamos nos concentrar em lutar ou fugir.

Eu sei que falar inglês não parece uma situação perigosa, certo? Bem, em nosso mundo moderno, não conseguir expressar nossas ideias com clareza pode resultar em "vergonha social", significando que as pessoas sentem como se estivessem perdendo status. Nosso cérebro entende isso como uma ameaça. Então ele age como se você estivesse tendo sua sobrevivência ameaçada.

"Fernanda, por que você está entrando nesse assunto de neurociência?". Meu querid@ leitor@, um dos segredos do aprendizado eficaz é entender como o nosso cérebro funciona. Agora que você sabe que alimentar a imagem da comunicação em inglês como uma ameaça pode interferir negativamente em seu processo de aprendizagem, você pode se concentrar em reformular a maneira como vê a linguagem e as situações comunicativas. Treine seu cérebro para ver desafios e dificuldades como oportunidades para que ele possa fornecer a você os recursos necessários para se comunicar de forma eficiente.

Se você quer aprender mais sobre como o seu cérebro funciona, eu recomendo o livro *Habits of a happy brain*, by Loretta Breuning. Tenho certeza de que este livro abrirá um novo mundo de possibilidades para você.

4

O QUE EU FAÇO COM MEU SOTAQUE?

Muitas pessoas acreditam que ter um sotaque é o mesmo que ter problemas de pronúncia. Essa é uma suposição bastante comum entre os estudantes de língua. Em sua opinião, qual é a diferença entre ter um sotaque e ter problemas de pronúncia?

Sua resposta:

_____

_____

_____

_____

É muito comum encontrar professores oferecendo aulas de "redução de sotaque" nos Estados Unidos e parece ser muito popular entre os executivos. Cada pessoa tem um motivo diferente para querer reduzir seu sotaque. Alguns querem soar como falantes nativos, outros querem ser claramente entendidos etc.

Eu quero convidar você a refletir sobre alguns pontos comigo. No seu país há sotaques diferentes? As pessoas do Norte falam da mesma maneira que as pessoas do Sul? Pessoas de diferentes origens sociais falam do mesmo jeito? No Brasil, por exemplo, temos uma grande variedade de sotaques que inclui diferentes sons de vogais e consoantes, além de ritmos de fala. Acredito que alguém que esteja aprendendo português com o sotaque carioca precisaria de algum tempo para se familiarizar com o sotaque de alguém do Nordeste. Logo, em um país tão grande e diverso como o Brasil, se eu oferecesse aulas de redução de sotaque, em que sotaque eu deveria focar? Bem, eu provavelmente usaria meu próprio sotaque, do Rio de Janeiro, como padrão, mesmo que o Rio de Janeiro não seja nem o maior estado do Brasil.

O mesmo acontece nos Estados Unidos, que também é um país grande e com sotaques diferentes. Se você começar uma aula de redução de sotaque com um professor americano, qual sotaque vai adotar?

Outra questão para reflexão é "Por que você gostaria de falar como um falante nativo?".

Sua resposta:

_____

_____

_____

_____

Esses são alguns pontos interessantes para reflexão sem julgamento, ok? Todo mundo tem o direito de falar da maneira que se sentir mais confortável. Então se você não se sente confortável com o seu sotaque, você pode definitivamente contratar um professor particular para ajudá-lo com isso. Meu objetivo neste capítulo é convidar você a pensar sobre as razões pelas quais você gostaria de reduzir seu sotaque.

Vamos continuar com nossas reflexões. Você já ouviu atores, políticos e cantores que não têm inglês como língua nativa falando inglês? Por exemplo, Penélope Cruz (L1 - Espanhol), Gal Gadot (L1 - Hebraico), Antonio Banderas (L1 - Espanhol), Salma Hayek (L1 - Espanhol), Sofia Vergara (L1 - Espanhol), Jackie Chan (L1 – Chinês). Bem, se nunca ouviu, eu recomendo que você acesse o *Youtube* agora mesmo e digite "[nome da pessoa] interview". Vai lá, vou te dar cinco minutos para fazer isso.

Bem, eles soam como falantes americanos para você? Você já notou se eles têm um sotaque? Sim, certo? Isso atrapalha a comunicação deles? Definitivamente, não! Então, o ponto que quero enfatizar aqui é que o sotaque também tem a ver com poder. Se você é bem-sucedido em sua área ou uma figura notável por alguma razão, seu sotaque não importa muito. Em outras palavras, as pessoas não esperam que você soe como um falante nativo porque elas estão mais interessadas no que você tem a dizer do que em como você vai dizer. Nesse caso, você pode ter um poder que não esteja exatamente relacionado ao seu idioma. Isso é o que acontece com essas pessoas famosas. No entanto, é MUITO importante enfatizar que o discurso deles é claro e compreensível, você não acha?

Agora que você teve esse tempo para refletir sobre os exemplos e pontos que apresentei, pense em seu próprio discurso. Você acha que seu sotaque é um problema ou sua pronúncia? Você acha que melhorar sua pronúncia fará você parecer um americano? É mais importante para você soar como um americano ou simplesmente ser entendido, independentemente do seu sotaque?

Vou compartilhar meu exemplo pessoal com você. Eu tinha 13 anos quando comecei a estudar inglês. Naquela época não acho que percebia que meu sotaque era um problema. Na verdade, eu nem ouvia muitos falantes nativos. Mas à medida que avançava na língua, comecei a me incomodar com meu sotaque. Ficou pior quando cheguei aos EUA. Eu ficava incomodada quando as pessoas me perguntavam "De onde você é?" porque eu queria que elas pensassem que eu era americana. Às vezes, as pessoas nas lojas não me entendiam e eu tinha que repetir o que eu já havia dito.

Bem, você pode imaginar o quão frustrada eu me sentia. Essa situação mudou quando comecei a observar outros falantes não nativos ao meu redor e a ler mais sobre esse tópico. Por exemplo, a maioria dos meus professores no programa de mestrado não era de falantes nativos e a maior parte dos meus colegas de classe também não era. Vendo toda essa diversidade me fez sentir única e valorizada. Houve mais dois momentos importantes que me fizeram sentir orgulho do meu sotaque. A eleição do presidente Trump foi uma delas. À medida que a hostilidade contra os imigrantes aumentava, senti que era hora de realmente mostrar de onde eu vinha, como forma de fortalecer o grupo de pessoas que estavam sendo perseguidas. Dessa forma, meu sotaque se tornou uma questão de princípio e ideologia.

Finalmente, um dia percebi que o problema de não ser entendida pelas pessoas nem sempre era minha responsabilidade. Por exemplo, algumas pessoas não estão acostumadas a ouvir sotaques diferentes, enquanto outras nunca tiveram a experiência de aprender outro idioma. Assim, elas podem não ter empatia ou disposição para realmente entender o que a outra pessoa está dizendo assim que percebem que o modo de falar do outro não é o que ela está acostumada a ouvir. Porque eu tenho a experiência de aprender outra língua eu sei o quão nervoso alguém se sente quando tenta se comunicar, eu sei o quão difícil é entender alguém em um ambiente barulhento e assim por diante. Essa experiência me deixa mais empática e disposta a entender alguém que está tentando falar português comigo. Na verdade, fico feliz com o fato de a pessoa estar estudando minha língua nativa. Para pessoas que nunca estudaram outro idioma ou tentaram se comunicar em outro idioma, esses são sentimentos que podem ser mais difíceis de entender.

Outra experiência que tive foi quando ministrei o curso "Introdução à Universidade" em uma universidade americana. Todos os alunos eram americanos e eu era a única falante não nativa. Pude sentir que alguns alunos se sentiam incomodados por estarem sendo ensinados por uma jovem professora brasileira. Na avaliação anônima do curso, alguns alunos reclamaram do meu sotaque dizendo que era difícil me entender. Em uma aula com 20 alunos, por que apenas um ou dois se queixaram de não me entender? Foi realmente sobre eu não me comunicar bem ou de eles não estarem dispostos a me entender?

Acredite, a falta de compreensão que às vezes acontece quando você tenta se comunicar nem sempre é por causa do seu sotaque! Assim que você perceber isso, sentir-se-á mais confiante e empoderado para se comunicar.

FLUÊNCIA QUE É BOM, NADA!

Em sua opinião, o que significa ser fluente em um idioma? Quando você vai saber que você se tornou fluente?

Sua resposta:

_____

_____

_____

_____

_____

Mesmo que alguns alunos estudem a língua há mais de cinco anos, apenas alguns deles ousam dizer que são fluentes. Os estudantes geralmente acham que se tornarão fluentes quando puderem dizer todas as palavras que quiserem em inglês, entender todos perfeitamente sem pedir que repitam, assistir a um filme entendendo cada palavra, não gaguejar ou pausar quando estiverem falando, ou até mesmo não se sentirem nervosos para uma apresentação. Antes de prosseguirmos nessa discussão, você poderia preencher a tabela a seguir?

NA MINHA LÍNGUA NATIVA...	SIM	NÃO
Eu sei todas as palavras.		
Eu sempre entendo 100% do que as pessoas falam.		
Eu entendo tudo que acontece nos filmes que assisto.		
Eu nunca gaguejo ou hesito quando estou falando com alguém.		
Eu nunca me sinto nervoso ao falar em público.		

Vamos refletir sobre essas questões.

Eu conheço todas as palavras da minha língua nativa.

Bem, se esse é o seu caso, parabéns! Você se tornou um dicionário humano! Se você não sabe, tudo bem, a maioria das pessoas não conhece todas as palavras em seu idioma nativo. Na verdade, se pudéssemos contar todas as palavras que usamos diariamente em nossa língua nativa ficaríamos surpresos em ver quão pequeno é nosso vocabulário. Assim sendo, como podemos ser fluentes em nossa língua nativa se nem mesmo sabemos todas as palavras e nosso vocabulário diário é tão pequeno? A resposta é: sabemos como usar as palavras que conhecemos, combinando-as para expandir nosso vocabulário e expressar nossos pensamentos e sentimentos. O mesmo acontece quando estamos aprendendo outro idioma. Algumas pessoas têm um vocabulário variado, mas não sabem como usá-lo, como combinar as palavras ou como ser criativo com o idioma para expressar o que desejam. Outras pessoas não têm um vocabulário muito extenso, mas sabem como usar o que têm de maneira eficaz.

Eu entendo 100% do que as pessoas dizem 100% do tempo.

Precisamos entender a diferença entre conhecer palavras e entender o que as pessoas estão dizendo. Por exemplo, você já esteve em uma aula no ensino médio na qual não entendeu nada, mesmo sabendo todas as palavras? Entender nem sempre tem a ver com saber palavras. O problema é que às vezes nos sentimos tão inseguros sobre a língua que estamos aprendendo que sempre culpamos nossa falta de vocabulário para explicar por que não somos capazes de entender alguma coisa. É verdade que o vocabulário pode ser um problema, mas nem sempre é O problema. O mesmo acontece quando assistimos a filmes. Eu sempre me perco quando estou assistindo a filmes de investigação ou ficção científica, mesmo em minha língua nativa. Isso provavelmente acontece porque requer muita atenção e também porque as histórias não são muito familiares para mim. Nesse caso, a minha falta de compreensão é um problema com o meu vocabulário? NÃO, certo? A língua nem sempre é o problema, lembre-se disso!

Eu nunca gaguejo ou faço uma pausa quando falo com alguém.

Eu não sei você, mas eu faço MUITO isso na minha língua nativa! É porque não conheço minha língua nativa? Claro que não. Eu percebi que sou muito cuidadosa com o que quero dizer, independentemente do idioma que estou usando.

Meu estilo de comunicação exige reflexão antes de dizer algo em voz alta. Eu sou assim. Mas nem sempre percebia isso. Eu costumava ficar muito chateada e frustrada quando pausava ou hesitava quando falava inglês. Eu queria falar mais rápido, como uma falante nativa. Até que um dia comecei a me observar usando minha língua nativa. Para minha surpresa, notei que tenho as mesmas características de fala quando falo em português. Depois de perceber isso, comecei a gostar e a respeitar a maneira como falo, entendendo quando minhas pausas e gagueiras eram devidas à minha falta de proficiência na língua estrangeira ou simplesmente ao meu estilo de fala.

Eu nunca me sinto nervoso quando falo em público na minha língua nativa.

Se você é como a maioria dos seres humanos, você se sente nervoso quando fala em público. Por isso é comum sentir-se nervoso ao falar em público em uma língua estrangeira. Na verdade, você se sente nervoso em dobro porque tem uma grande preocupação em sua cabeça: a língua – entre muitas outras preocupações. Mas o ponto que quero enfatizar aqui é que se sentir nervoso é normal. Se você acha que não vai se sentir nervoso ao falar inglês quando se tornar fluente, provavelmente está enganado. O segredo para reduzir seu nervosismo é se preparar em dobro! Planeje sua apresentação, os pontos que você deseja trazer e como você deseja apresentá-los. Dar uma apresentação em outro idioma significa tempo em dobro para planejar e praticar. Quanto mais você planeja e pratica, mais aumentam as chances de controlar seu nervosismo e ansiedade ou até reduzi-los. Além disso, não se esqueça do que aprendemos no capítulo 3: reformule as situações. Em vez de ver uma apresentação como uma ameaça ao seu status social, reformule-a como uma oportunidade de compartilhar o que você sabe. Isso pode até não reduzir seu nervosismo ou ansiedade, mas ajudará a mantê-los sob controle.

Antes de terminarmos este capítulo gostaria de trazer mais um pensamento para nossa reflexão. A tabela a seguir é o European Common Framework of Reference for Languages, que mostra as habilidades que você precisa desenvolver para ser colocado em cada nível.

Proficiente	C2	É capaz de compreender, sem esforço, praticamente tudo o que ouve ou lê. É capaz de resumir as informações recolhidas em diversas fontes orais e escritas, reconstruindo argumentos e fatos de modo coerente. É capaz de se exprimir espontaneamente, de modo fluente e com exatidão, sendo capaz de distinguir finas variações de significado em situações complexas.
	C1	É capaz de compreender um vasto número de textos longos e exigentes, reconhecendo os seus significados implícitos. É capaz de se exprimir de forma fluente e espontânea sem precisar procurar muito as palavras. É capaz de usar a língua de modo flexível e eficaz para fins sociais, acadêmicos e profissionais. Pode exprimir-se sobre temas complexos, de forma clara e bem estruturada, manifestando o domínio de mecanismos de organização, de articulação e de coesão do discurso.
Independente	B2	É capaz de compreender as ideias principais em textos complexos sobre assuntos concretos e abstratos, incluindo discussões técnicas na sua área de especialidade. É capaz de comunicar com certo grau de espontaneidade com falantes nativos, sem que haja tensão de parte a parte. É capaz de exprimir-se de modo claro e pormenorizado sobre uma grande variedade de temas e explicar um ponto de vista sobre um tema da atualidade, expondo as vantagens e os inconvenientes de várias possibilidades.
	B1	É capaz de compreender as questões principais quando é usada uma linguagem clara e estandardizada e os assuntos lhe são familiares (temas abordados no trabalho, na escola e nos momentos de lazer etc.). É capaz de lidar com a maioria das situações encontradas na região onde se fala a língua-alvo. É capaz de produzir um discurso simples e coerente sobre assuntos que lhe são familiares ou de interesse pessoal. Pode descrever experiências e eventos, sonhos, esperanças e ambições, bem como expor brevemente razões e justificações para uma opinião ou um projeto.

Básico	A2	É capaz de compreender frases isoladas e expressões frequentes relacionadas com áreas de prioridade imediata (p. ex.: informações pessoais e familiares simples, compras, meio circundante). É capaz de comunicar em tarefas simples e em rotinas que exigem apenas uma troca de informação simples e direta sobre assuntos que lhe são familiares e habituais. Pode descrever de modo simples a sua formação, o meio circundante e, ainda, referir assuntos relacionados com necessidades imediatas.
	A1	É capaz de compreender e usar expressões familiares e cotidianas, assim como enunciados muito simples, que visam a satisfazer necessidades concretas. Pode apresentar-se e apresentar outros e é capaz de fazer perguntas e dar respostas sobre aspectos pessoais, como o local onde vive, as pessoas que conhece e as coisas que tem. Pode se comunicar de modo simples, se o interlocutor falar lenta e distintamente e se mostrar cooperante.

Agora, dê uma olhada mais de perto no nível proficiente. Se um falante nativo tivesse que fazer um teste em sua língua nativa, você acha que ele(a) seria colocado nos níveis C1 e C2? Eu aposto que muitos deles não. Apenas para dar um exemplo, para ser colocado no nível C1, você precisa "entender uma ampla gama de textos longos e exigentes e reconhecer o significado implícito". Conheço muitos falantes nativos de português que não poderiam fazer isso nem em português. Estou trazendo esse ponto para que possamos repensar o conceito de fluência e deixar de nos comparar com falantes nativos. Nós não somos falantes nativos de inglês e nunca seremos. Somos falantes bilíngues, alguns podem até ser multilíngues, o que traz muitas vantagens que os falantes nativos não têm.

6

MELHORANDO SUA COMUNICAÇÃO POR MEIO DA ATENÇÃO PLENA

Há algum tempo lembro-me de um aluno que desabafou comigo sobre sua frustração ao interagir com as pessoas em inglês porque se sentia tímido e desconfortável, fosse em situações formais ou informais. Ele queria melhorar sua comunicação para que não tivesse mais esses sentimentos ao falar com as pessoas.

No meio daquele desabafo eu tive alguns flashbacks de momentos em que eu me senti da mesma maneira enquanto interagia com pessoas em grupos. Muitas vezes eu não me sentia à vontade para participar de conversas porque achava que as pessoas me achariam estúpida se eu desse minha opinião, comentasse o que elas estivessem dizendo ou até fizesse uma piada. Eu me sentia péssima nessas situações porque associava minha timidez e desconforto com minha falta de proficiência em inglês. Daí eu pensava: "Quando eu finalmente vou me sentir confortável interagindo com pessoas em inglês? Por mais que eu estude, esse sentimento nunca vai embora". Os anos se passaram e só recentemente eu descobri que a maior parte do que eu costumava sentir vinha de um processo que eu mesma nomeei de Ampliação Negativa.

O que é ampliação negativa?

Em geral, estamos acostumados a nos concentrar mais no que acreditamos serem aspectos negativos de nossa personalidade do que os positivos. O problema é que aprender outra língua é como olhar para nós mesmos por meio de uma lente de aumento, o que nos leva a nos tornarmos excessivamente críticos sobre quem somos e como nos comportamos. Ver a timidez como uma característica excessivamente negativa é um dos resultados desse processo.

Comunicar-se em outra língua é como olhar para si mesmo por meio de uma lupa.

Observe-se por meio da Atenção Plena

Eu tenho lido muito sobre Atenção Plena (Mindfulness) ultimamente e, embora não seja uma especialista no assunto, isso me permitiu ter algumas ideias sobre minha própria prática de ensino para ajudar meus alunos. Se você não está familiarizado com esse conceito, a definição dada pelo Greater Good Science Center at the University of California pode lançar alguma luz sobre o seu entendimento: "Atenção Plena é o processo no qual observamos nossos pensamentos, sentimentos, experiências físicas, e o ambiente que nos rodeia a cada momento". (tradução livre. Fonte: <https://positivepsychologyprogram.com/what-is-mindfulness-definition/>). Ok, mas o que a Atenção Plena tem a ver com melhorar sua comunicação em inglês? O que quero propor aqui é que você observe suas experiências físicas, mentais e emocionais quando estiver interagindo com outras pessoas em sua PRIMEIRA língua. Mas por que a primeira língua e não a segunda? Bem, você se lembra de que eu lhe disse que costumava me sentir muito tímida e desconfortável em interagir com pessoas em grupos?

Quando sentimentos como esses surgem, a primeira coisa que costumamos fazer é culpar nossa falta de proficiência em inglês. Na nossa cabeça, nossa timidez e desconforto em participar de conversas são resultados de não conhecer muito bem o inglês. Soa familiar para você? No entanto, isso nem sempre é o caso. Na verdade, isso geralmente é uma mentira que inconscientemente dizemos a nós mesmos. Você quer descobrir se está dizendo essa mentira para si mesmo? É simples. Basta perguntar-se: sinto-me de maneira semelhante quando tenho que participar de conversas usando minha língua nativa? Para poder responder a essa pergunta você precisa aplicar a Atenção Plena para observar a si mesmo como um todo ao interagir com pessoas em sua primeira língua em diferentes contextos. Para ilustrar meu ponto, vamos escolher um contexto específico, como o primeiro dia em um novo emprego. É hora do almoço, seus colegas estão na lanchonete e você se aproxima de um grupo de pessoas que estão falando sobre algo com o qual você não está tão familiarizado. Nesse contexto, como você acha que se sentiria?

- Nervoso?
- Medo de ser julgado se você abrir a boca?
- Intimidado por não conhecer ninguém?
- Tímido para pular na conversa?

Se, ao usar mindfulness, você perceber que tem alguns desses sentimentos ao se comunicar em sua primeira língua, é bem provável que você também se sinta assim enquanto se comunica em um segundo idioma. Para piorar as coisas, o efeito de Ampliação Negativa é adicionado quando você está se comunicando em um segundo idioma, o que faz você se sentir muito pior porque você começa a criticar a si mesmo. Portanto sentimentos negativos que pareciam pequenos tornam-se enormes quando você está se comunicando em inglês.

Reduzindo a ampliação negativa por meio da Atenção Plena

Levei anos para perceber que meu desconforto em participar de conversas em inglês nem sempre foi devido à minha falta de proficiência no idioma. Quando comecei a me observar mais de perto percebi que me sentia de maneira muito semelhante em português. Por quê? Porque eu sou uma pessoa tímida, não importa o idioma que estou usando. Em contextos em que tenho que me comunicar com pessoas em grupo, muitas vezes hesito, perco a noção do que estava dizendo ou me distraio e nem sempre entendo de verdade o que as pessoas estão dizendo. Às vezes sinto vergonha de expressar minhas opiniões e prefiro guardá-las para mim porque temo ser julgada. Então, se eu me comporto assim em minha língua nativa, como posso esperar me comportar de maneira diferente em inglês? Esperamos ser tagarelas e extrovertidos em inglês. No entanto essas características nem sempre estão associadas à linguagem, mas à nossa própria personalidade.

Quando percebi isso deixei de ser tão dura comigo mesma. Se me sinto desconfortável em interagir com pessoas em uma situação específica, primeiro me pergunto: "Estou me sentindo assim porque não me sinto confiante ao falar inglês ou porque isso é uma característica da minha personalidade?". Se eu for com a primeira opção, tento identificar os pontos que preciso melhorar em minha comunicação para poder interagir com mais confiança da próxima vez que eu passar pela mesma situação. Mas se eu for com a segunda opção, eu apenas relaxo e digo para mim mesma: "Tudo bem se você não quiser interagir agora. Apenas relaxe e seja você mesma. Você não precisa falar se não quiser". Na verdade, o simples fato de reconhecer isso às vezes é suficiente para fazer eu me sentir mais confortável para participar da conversa porque me sinto mais poderosa, confiante e relaxada. Reconhecer e rotular nossas emoções é importante para controlar sentimentos de ansiedade e estresse. Isso não significa que eles desaparecerão, mas certamente estarão mais sob controle.

Desenvolver a Atenção Plena para nos observarmos no momento presente é crucial para identificar as emoções que sentimos em diferentes situações, por que as sentimos e o que podemos fazer com elas.

É importante enfatizar que essa foi a MINHA experiência enquanto me observava. Tenho certeza de que você será capaz de identificar outras características em sua comunicação que podem não ter nada a ver com a timidez. Em alguns casos, até o oposto pode acontecer. Por exemplo, você pode ser muito extrovertido em sua língua nativa, mas introvertido em inglês. Não existe uma teoria, explicação ou estratégia que sirva para todos em qualquer situação.

A questão é que precisamos estar conscientes do fenômeno da Ampliação Negativa, para que possamos parar de fazer exigências injustas a nós mesmos, que só nos trazem um sentimento de frustração e inadequação. Vamos ser gentis com a gente.

Todos esses pontos que mencionei não podem se tornar uma desculpa para você não trabalhar em seu autodesenvolvimento, o que pode envolver suas habilidades de comunicação entre outras coisas. Então, se ao observar a si mesmo você perceber coisas que estão atrapalhando sua comunicação, mesmo que elas sejam características de sua personalidade, e você se sentir incomodado com elas, vá em frente e trabalhe nisso. A decisão é sua! Os seres humanos têm a incrível capacidade de evoluir, melhorar suas habilidades e mudar sua mentalidade.

7

FALAR INGLÊS COM QUEM? HORA DE ENCONTRAR SUA TURMA!

Os seres humanos têm necessidade de aceitação social. Em seu livro *Habits of a happy brain*, Loretta Breuning fala sobre três substâncias químicas geradas pelo nosso cérebro que nos dão a sensação de felicidade. Uma dessas substâncias é a oxitocina, que faz você se sentir bem quando sente que pode se apoiar e confiar em alguém, trazendo a sensação de pertencimento e segurança.

Como já discutimos nos capítulos anteriores, um cérebro feliz é sinônimo de uma jornada de aprendizado mais eficiente. Quando se trata de aprendizagem de línguas, é importante que você tenha um grupo em que possa praticar o que aprendeu e experimentar os momentos inesperados trazidos pela comunicação da vida real. Você pode dizer "Mas eu me sinto tão envergonhado e tímido de falar com outras pessoas em minha língua estrangeira". Mas esse é exatamente o ponto! Permitir que você possa lidar com sua ansiedade em uma situação em que você tem um pouco mais de controle antes de entrar em situações em que você não terá tanto controle. Por exemplo, é mais fácil conversar com um grupo de amigos ou um grupo de executivos em uma reunião de negócios? É mais fácil enviar mensagens de texto para seus amigos ou escrever um e-mail para um cliente internacional?

Aprender uma língua é como ensaiar para uma peça teatral. Você pratica bastante, memoriza o roteiro, pratica em frente ao espelho. Você pode até ter alguém para ajudar e lhe dar algum feedback, no entanto, antes da noite de estreia, o elenco sempre tem aqueles ensaios para passar tudo do início ao fim como se fosse a noite de abertura. O mesmo acontece na jornada de aprendizagem de línguas. Além de ter sessões com o seu professor, você também precisa ter momentos para praticar com outras pessoas. Se você puder criar e planejar esses momentos, provavelmente experimentará menos ansiedade do que se fosse pego de surpresa com uma situação no trabalho em que teria que falar inglês na frente de um grupo de executivos. Assim como no teatro, esses momentos permitem que você avalie seu desempenho, sinta-se mais confiante, corra riscos ou até mesmo improvise. Dessa forma, você aumentará sua confiança com pequenos passos para se preparar para situações que nem sempre podem ser planejadas.

"Tudo bem, Fernanda, você me convenceu! Mas, como vou encontrar uma comunidade?". Bem, minha resposta para você é: seja criativo e proativo! Muitas pessoas querem praticar o inglês, mas poucas são as que realmente tomam as atitudes necessárias para que isso aconteça. A vida é tão corrida, as pessoas trabalham como loucas, e tem também as crianças, a casa e o cachorro. Como posso encontrar tempo para praticar o meu inglês no meio disso tudo?

Na próxima sessão você encontrará valiosas sugestões para encontrar pessoas para praticar seu inglês em seu país de origem. Você precisará ser criativo e proativo! Abaixo estão algumas ideias para ajudar você a criar sua comunidade. Caso você já viva em um país que tenha o inglês como língua oficial, essas ideias também podem ser adaptadas para o seu contexto.

Amigos com um interesse comum

Se você observar e conversar com as pessoas ao seu redor, verá que a maioria já estudou inglês antes, mas agora está sentindo seu inglês um pouco enferrujado. Elas gostariam de praticar mais, mas não têm tempo nem dinheiro. Então, por que você não convida esses amigos para uma noite de pizza em sua casa? A regra é falar em inglês o máximo possível! Se seus amigos são fãs de cinema, talvez você possa ter uma sessão de cinema e falar sobre o filme depois. Bem, se você é daquelas pessoas que não gostam de receber pessoas em casa, talvez você possa sair para um lugar e conversar em inglês a noite toda, ou parte da noite.

Vantagens: passar algum tempo com seus amigos, fazer novos amigos, fazer algo que goste, divertir-se, relaxar!

"Mas, Fernanda, quem vai nos corrigir?".

Você não precisa que alguém o corrija o tempo todo para aprender alguma coisa. Lembre-se, o objetivo é praticar o que você já sabe! Se você realmente quer ser corrigido, isso é algo que você pode negociar com seus amigos. As pessoas podem corrigir umas às outras? Elas vão se sentir confortáveis com isso? Nesse caso, as pessoas que sabem um pouco mais podem ajudar as que não sabem muito. Mais uma vez, o objetivo é praticar o que você já sabe.

"Mas, Fernanda, as pessoas vão falar em seu idioma nativo porque não sabem todas as palavras em inglês".

Não é ótimo podermos usar nossa língua nativa para nos ajudar a nos comunicar em inglês? É ótimo, especialmente nessa situação. Tudo bem se as pessoas mudarem de seu idioma nativo para o idioma estrangeiro ou vice-versa nesse tipo de reunião. Mais uma vez, isso os ajudará a praticar o que já sabem e a manter a conversa em andamento. Se elas continuarem procurando palavras no dicionário, a conversa se tornará entediante e artificial.

Grupos do Facebook

A tecnologia é uma benção! Não é incrível a facilidade com que podemos nos conectar com as pessoas sem sequer conhecê-las? Vamos aproveitar isso! Por que você não cria um grupo no Facebook com amigos que gostariam de praticar suas habilidades no idioma? Daí você pode criar discussões sobre notícias, filmes, livros ou qualquer outra coisa em que esteja interessado. Há muitos vídeos curtos e bons no Youtube que você pode selecionar como tópico de discussão.

"*Mas, Fernanda, meus amigos não são grandes fãs da tecnologia e das mídias sociais*".

Bem, se esse for o caso, você precisará ser mais criativo ou mais determinado. Você pode incentivar seus amigos a criar uma conta no Facebook ou experimentar outro tipo de mídia social em que possam estar mais interessados. Se você sabe que não vai dar certo, talvez você deva tentar a primeira sugestão: sair com os amigos.

Comentários em blogs e sites

Existe algum blog ou site que você gostaria de seguir? Se não houver, talvez você deva procurar um. A coisa boa sobre escrever comentários em blogs e sites é que primeiro você tem que ler ou assistir algo. Você também pode ler o que outras pessoas escreveram. Dessa forma, você ganha mais ideias para incorporar aos seus próprios comentários ou você pode até mesmo verificar as estruturas das frases que as pessoas usaram para escrever seus comentários e usá-las como modelo para escrever seus próprios comentários. À medida que você segue o blog regularmente, escrever comentários se tornará um hábito divertido e será como se você pertencesse àquele grupo de pessoas que estão participando do blog também.

"*Mas, Fernanda, não tenho tempo para isso. Já te disse que sou uma pessoa muito ocupada?*".

Primeiramente, se você realmente quer melhorar o seu inglês você precisa arranjar tempo! Ele não vai melhorar milagrosamente. Segundo, você não gastará mais de 15 minutos escrevendo um comentário em um blog. Você pode fazer isso no ônibus ou na hora do almoço, por exemplo.

"*Mas preciso de mais de 15 minutos para escrever um bom comentário. Eu não quero que as pessoas fiquem rindo do meu inglês*".

O propósito não é perfeição, é prática! Além disso, se você for pego de surpresa e tenha que escrever um e-mail em inglês no trabalho, não acho que você terá mais de 15 minutos para fazer isso, certo? Então aprenda a administrar seu tempo também. Dê a si mesmo oito minutos e faça o seu melhor. Caso contrário, você pode acabar gastando uma hora para escrever um comentário em um blog e isso seria muito tempo mesmo que o comentário esteja escrito com perfeição. Quanto às pessoas rindo do seu inglês, lembre-se de que você é geralmente mais crítico em relação ao seu idioma do que as outras pessoas, especialmente ao escrever comentários em blogs. As pessoas não se importam!

Grupos de viajantes

Graças às mídias sociais, é mais fácil encontrar grupos de pessoas que gostam de se reunir quando viajam. Um desses grupos se chama Couchsurfing. Você pode criar uma conta para poder se conectar a outros viajantes. Daí, talvez um dia você receba uma mensagem de alguém dizendo: "Ei! Vou para a sua cidade no próximo mês. Você teria tempo para me mostrar a cidade?". Isso já aconteceu comigo. Eu e uma amiga saímos com um rapaz indiano para mostrar a ele o Rio de Janeiro. Foi divertido e tive a chance de praticar meu inglês.

Você também pode hospedar pessoas em sua casa. Eu hospedei uma mexicana e duas mulheres russas em diferentes ocasiões. Foi incrível ter pessoas de outro país no meu apartamento. Saímos juntos, divertimo-nos e pude praticar meu inglês. Quem sabe pode até ter uma reunião semanal do Couchsurfing em sua cidade! É bem informal e você pode conhecer pessoas interessantes de outros países ou mesmo do seu próprio país. Eu participei de algumas reuniões e fiquei muito feliz com as pessoas incríveis que conheci. Aprender outro idioma, especialmente o inglês, oferece esses momentos incríveis em que você pode se comunicar com pessoas de culturas totalmente diferentes. Aproveite isso!

"Mas, Fernanda, tenho tanta vergonha de conhecer novas pessoas, mesmo na minha língua nativa".

Eu te entendo perfeitamente! Eu sempre fui uma pessoa muito tímida também. No entanto, se seu objetivo for forte o suficiente, você pode colocar sua timidez no plano de fundo. Eu lembro que estava me sentindo muito nervosa quando estava prestes a ir para minha primeira reunião no Couchsurfing. No entanto foi um amigo que me convidou e estar com alguém que eu conhecia me acalmou um pouco.

Quando cheguei lá ainda estava me sentindo deslocada, mas depois percebi que todo mundo estava se sentindo meio assim também. Depois de perceber isso, senti-me mais à vontade para tentar conversar com as pessoas. E adivinha! As pessoas se sentem felizes quando você vem falar com elas nessas situações! Ninguém quer ficar sozinho. Então saia da sua zona de conforto e seja o primeiro a iniciar uma conversa. Ao fazer isso, você começará a se sentir mais confiante e no controle.

Aprenda a arte de se sentir "confortável" em situações desconfortáveis.

Grupos de conversação

Se você realmente não tem amigos que gostariam de praticar inglês com você, talvez você possa procurar grupos de conversação em sua cidade. Procure no Google! Existem escolas de idiomas que possuem grupos de conversação? Tem algum clube do livro? Se não houver, talvez você possa criar um e convidar pessoas. Crie panfletos convidando pessoas para seu grupo de conversação ou clube do livro e anuncie na sua faculdade, no seu prédio ou no seu local de trabalho.

Ao procurar oportunidades para praticar o seu inglês, você certamente se aproximará de pessoas que já conhece, conhecerá novas pessoas (até mesmo fará amigos) e se divertirá de maneiras inesperadas. Você vê o que estamos fazendo? Estamos usando a língua como uma maneira de alcançar outros objetivos. Estamos dando significado à língua, usando-a de uma maneira que se conecte à nossa vida real. Além disso, não se esqueça de como seu cérebro funciona.

Neste capítulo você aprendeu um pouco sobre a oxitocina, substância química que é liberada quando nos sentimos aceitos, apoiados e apreciados socialmente, o que contribui para nosso cérebro chegar ao seu estado "feliz". Logo, criar ou encontrar uma comunidade para praticar seu inglês é uma excelente ideia para aumentar a presença de oxitocina em seu cérebro e, portanto, melhorar seu aprendizado e comunicação em inglês.

Como praticar seu inglês vivendo no exterior

Inicialmente, esta seção pode parecer desnecessária. Afinal, se você está vivendo nos Estados Unidos, por exemplo, é óbvio que você terá várias oportunidades de praticar o seu inglês. Será? Por incrível que pareça, esse não é sempre o caso. É claro que você vai praticar seu inglês quando for fazer compras ou em um restaurante, mas essa é uma linguagem muito funcional que não desenvolverá sua conversação o tanto quanto você gostaria.

Outro cenário comum que encontramos no exterior é que as pessoas facilmente se agrupam por nacionalidade quando querem socializar. Ou seja, brasileiros andando sempre com brasileiros, japoneses sempre com japoneses, e assim vai. É ótimo que você consiga encontrar essa comunidade no exterior, mas ela não vai ajudá-lo a desenvolver seu inglês.

E, por último, e não menos importante, é o que eu chamo de "síndrome de ESL". Para quem não sabe, ESL significa English as a Second Language (Inglês como Segunda Língua). Para quem mora no exterior, esse é um termo muito comum. O que geralmente acontece é que as pessoas só procuram praticar seu inglês em aulas de inglês para estrangeiros e só leem livros para estudantes de inglês. Não me leve a mal, eu simplesmente adoro aulas de ESL, amo estar com pessoas de outras nacionalidades. Aliás, essa era minha parte favorita de morar nos Estados Unidos. No entanto você precisa tomar cuidado para não deixar que as aulas de ESL virem uma bolha que te separa do mundo lá fora. Você não precisa necessariamente estar em uma aula de inglês para melhorar seu inglês. Você pode e deve atrelar o inglês a outros interesses e atividades. Por exemplo, você gosta de dança? Se sim, o que você acha de fazer aula de dança? Você gosta de ajudar as pessoas? Por que não fazer trabalho voluntário? Você é uma pessoa religiosa? Talvez você se interesse por fazer parte de uma instituição religiosa e participar das atividades que eles oferecem.

Os momentos que você terá para praticar e melhorar sua comunicação dependerá em grande parte da sua força de vontade e criatividade para criar oportunidades, de ter a cabeça aberta para experimentar coisas novas e de desenvolver sua capacidade de agir em situações em que se sente vulnerável. No final das contas você vai ver perceber que ao "sair da caixinha", não só a sua comunicação vai melhorar, mas até mesmo sua vida no exterior ficará mais interessante e prazerosa.

8

LÍNGUA NATIVA – AMIGA OU INIMIGA?

Você provavelmente já deve ter tido um professor de inglês dizendo que você não deveria pensar em sua língua nativa e muito menos usá-la em sala de aula. Apesar dessa "proibição", você já parou de usar sua língua nativa para ajudá-lo a aprender inglês ou até se comunicar em inglês?

Por muitos anos acreditava-se que as línguas eram armazenadas em diferentes compartimentos no cérebro, uma ideia geralmente associada ao bilinguismo. No entanto um novo conceito, chamado Translanguaging, ganhou força no campo do ensino de inglês. Translanguaging é um fenômeno natural que ocorre com pessoas que falam mais de um idioma. Por exemplo, às vezes você está falando em inglês e, por algum motivo, usa uma palavra do seu idioma nativo no meio da conversa. Outro exemplo seria quando você está tomando notas em seu idioma nativo e, de repente, usa algumas palavras em inglês também.

Esse fenômeno sugere que falantes de mais de um idioma tenham todas as suas línguas em um repertório único e usem seu repertório da maneira que achem mais eficaz para o momento comunicativo em que estão participando. Além disso, essa maneira única de se comunicar também reflete a identidade cultural e linguística do falante.

"Fernanda, você está dizendo que eu deveria usar minha língua nativa na sala de aula de inglês?".

A resposta é sim e não. Sua língua nativa pode ser usada como uma ferramenta para acelerar o seu processo de aprendizagem. Há momentos em que essa ferramenta pode ser útil, mas não o tempo todo. Eu aprendi inglês com muita tradução. Isso tornou meu processo de comunicação ainda mais difícil porque me acostumei a traduzir tudo em minha mente antes de falar. Portanto a tradução excessiva atrasou minha comunicação em inglês. É como tomar um remédio. Se você tomar mais do que precisa, danificará seu corpo. Além disso, devemos tentar maximizar o uso do inglês na sala de aula. Por esse motivo, nossa língua nativa deve ser usada em certos momentos que podem ser negociados entre professores e alunos. Mas como usar nossa língua nativa para melhorar nosso processo de aprendizagem em inglês?

Entenda de onde seus erros vêm

Você já tentou consertar algo em sua casa sem sucesso porque não conseguiu descobrir onde estava o problema? Então você tentou coisas diferentes, mas o problema continuou voltando, certo?

"Sim, Fernanda, mas o que isso tem a ver com língua?".

Minha resposta é TUDO! É mais difícil consertar algo quando você não sabe onde está o problema. Comparar nossa primeira língua com o inglês pode nos fornecer informações importantes para entender porque cometemos alguns erros e como corrigi-los. Isso significa que você deve comparar seu idioma nativo com o inglês o tempo todo? Absolutamente não! Como eu disse antes, a língua nativa é útil quando usada estrategicamente para provocar nosso cérebro a pensar sobre a linguagem em um nível mais profundo e não para ser usada excessivamente e sem propósito.

Transferência de habilidades

Outra maneira pela qual nossa primeira língua pode ajudar é facilitando a transferência de habilidades do idioma nativo para o inglês. Já pensou em como é estranho que tarefas tão comuns em nossa primeira língua se tornem extremamente difíceis de realizar em inglês? Por exemplo, quando você assiste a um filme em sua primeira língua, provavelmente não está ciente dos processos cognitivos que estão acontecendo em sua mente para entender as informações. Apenas para dar alguns exemplos, seu cérebro faz associações, previsões, cria hipóteses, espera por mais informações antes de chegar a uma conclusão etc. Você, provavelmente, nunca aprendeu todas essas habilidades da maneira tradicional, como em uma sala de aula, então você não está ciente de que seu cérebro está tendo que fazer todo esse trabalho para entender alguma coisa. Não seria ótimo se pudéssemos transferir todas essas habilidades para nossa comunicação em inglês? Bem, a boa notícia é que podemos! Mas primeiro precisamos identificar as habilidades que já temos.

Portanto, nossa língua nativa pode ser usada em momentos da aula em que você esteja refletindo e identificando habilidades que você já possui. Você pode estar se perguntando: "Eu não deveria ter esse processo de reflexão e identificação em inglês?". Se você se sentir confiante para isso, ótimo! Vá em frente e faça isso em inglês. No entanto se você ainda estiver no início de sua jornada de aprendizado, talvez não seja possível fazer isso apenas em inglês. Existem muitas outras habilidades que podem ser transferidas, como identificar as principais ideias em um texto, fazer anotações de maneira eficiente, prever informações etc. As habilidades que você irá transferir dependerão das habilidades que você já adquiriu em sua língua nativa.

A coisa mais importante sobre a inclusão de idiomas nativos na sala de aula é que professores e alunos não devem se sentir culpados ou ameaçados ao usá-los. Como mostram os estudos neurocientíficos, nosso cérebro não consegue encontrar seu estado de aprendizado ideal quando está se sentindo ameaçado. Por fim, não se esqueça de usar sua língua nativa estrategicamente, em vez de excessivamente.

Veja sua língua nativa como uma amiga, não uma inimiga.

9

LEVE SEU MUNDO PARA A SALA DE AULA!

Agora, gostaria de apresentar os conceitos que eu chamo de Conectividade e Significância. Você já ouviu falar deles antes? Se não, leia atentamente porque esses são conceitos-chave para promover uma aprendizagem eficaz.

Conectividade

A neurociência mostrou que nosso cérebro aprende melhor quando é capaz de conectar diferentes tipos de informação. Por exemplo, se você estiver aprendendo novas palavras para nomear animais em um zoológico, poderá reter mais informações se tentar relacionar esse vocabulário com situações da vida real nas quais você viu animais em um zoológico. Dessa forma, você pode usar o novo vocabulário que está aprendendo para falar sobre suas experiências anteriores. Eu sei que você provavelmente leu este parágrafo e pensou: "Não é óbvio?". Bem, na verdade, não é. Conectar informações requer prática, curiosidade e esforço.

Além disso, existem diferentes níveis de conexão. A maioria de nós está no nível superficial, o que significa que somos capazes de estabelecer conexões óbvias, como aprender a palavra "maçã" e pensar "Eu comi uma maçã hoje", enquanto poucos de nós são capazes de conectar informações em um nível mais profundo. Por exemplo, você consegue conectar o que aprendeu em sua aula de inglês a outros tipos de conhecimento que já possui, como matemática e história, ou até coisas da sua vida diária, como séries que costuma assistir ou tarefas que faz diariamente? Esse tipo de conexão requer um esforço maior de sua parte e torna o aprendizado mais eficaz. Não espere que seu professor faça as conexões para você ou que te sugira algumas, porque as conexões que seu professor vai fazer estarão relacionadas a experiências dele ou experiências que ele acha que você já teve. Você precisa ser capaz de fazer suas próprias conexões.

Significância

Enquanto a conectividade ajuda você a aprender mais eficientemente, a significância faz com que você se sinta mais feliz quando aprende. A significância é a coisa mais linda no processo de aprendizagem! Significa, simplesmente, que você deve estudar o que tem significado em sua vida. Você já estudou outro idioma seguindo um livro? Se você já frequentou uma escola de idiomas, sua resposta provavelmente é "sim". Embora eu ame livros didáticos, também entendo que eles podem parecer sem sentido às vezes. Por quê? Porque eles não são criados para um indivíduo, mas para um grupo de pessoas. Em outras palavras, um livro didático não foi feito especialmente para você. Então é provável que você encontre muitas lições que não serão muito interessantes para você e tópicos de gramática que você já conhece. Essa falta de conexão com seus interesses e necessidades pode resultar em falta de motivação para continuar aprendendo e retendo informações.

"Ok, Fernanda, mas como posso ter aulas significativas para tornar o meu processo de aprendizagem mais eficaz?".

Bem, a resposta é bem simples: leve seu mundo para a sala de aula! Se você tiver sessões individuais com seu neurolanguage coach®, informe seu coach sobre os tópicos que deseja estudar em suas sessões, explique como você precisa usar o inglês em sua vida diária, conecte seus interesses ao conteúdo de seu curso. Suas sessões de idioma devem incluir o que você precisa aprender e o que você tem interesse. Dessa forma, você achará mais fácil manter sua motivação e também conectar informações.

O que você pode levar para a sala de aula?

- Fotos do seu local de trabalho.
- Fotos de sua família.
- Fotos de lugares que você visitou.
- Seu currículo.
- Suas séries e filmes favoritos.
- Seu livro favorito.
- Fotos do último restaurante que você foi e o que você comeu lá.
- Vídeos de seus colegas de trabalho falando inglês etc.

Confie em mim, aprender uma língua pode ser muito mais divertido e eficaz quando você leva seu mundo para a sala de aula!

10

RELAXA! NEM SEMPRE É SUA CULPA!

No Brasil, quando alguém está reclamando sobre seu relacionamento porque não sente que seus parceiros estão fazendo um esforço para fazer o relacionamento funcionar, costumamos dizer: "Bem, um relacionamento é feito de duas pessoas, não é?". Eu nunca tinha me dado conta do poder desse comentário até que me mudei para os Estados Unidos e comecei a ensinar inglês para falantes de outras línguas. Você provavelmente deve estar se perguntando: *"Você não estava falando sobre relacionamentos?"*. Sim, eu estava e ainda estou. Aguenta aí comigo!

Quando morei nos Estados Unidos ensinei inglês para pessoas de diferentes nacionalidades em programas comunitários. Os grupos eram formados em grande parte por esposas de expatriados que tinham sido transferidos para trabalhar nos Estados Unidos por um determinado período de tempo. Meus alunos mostravam constante frustração porque muitas vezes tentavam conversar com os americanos e não eram compreendidos. Eles costumavam ficar tão chateados e a sensação de que nunca seriam capazes de se comunicar de forma eficaz estava crescendo em sua cabeça e coração. Não vou mentir, eu tive esse sentimento de frustração muitas vezes também, embora não tão forte quanto em meus alunos. Houve alguns momentos em que eu interagi com as pessoas nas lojas e não fui compreendida, até mesmo algumas vezes no trabalho. E quanto a chamadas telefônicas? Eu odeio falar ao telefone porque sou uma aprendiz visual e realmente preciso olhar para os lábios das pessoas, observar sua linguagem corporal e também ter algumas pistas contextuais para me ajudar a entender o que está sendo dito e interpretar a situação comunicativa.

O que começou a me intrigar sobre meus alunos foi que eu era capaz de compreendê-los em sala de aula. Na verdade, não apenas eu, mas as pessoas na igreja onde eu costumava ensinar também eram capazes de entendê-las. Então comecei a pensar: "O que acontece com meus alunos quando eles estão fora da sala de aula?". Bem, há muitas respostas para essa pergunta e você já viu algumas delas nos capítulos anteriores. Mas a ideia que quero focar neste capítulo é a de que se comunicar com alguém é como estar em um relacionamento: são necessárias duas pessoas para fazer dar certo.

Em uma conversa, todas as pessoas envolvidas precisam estar dispostas a ouvir e entender, caso contrário, o processo de comunicação não será bem-sucedido. Estar aberto para ouvir e entender significa fazer perguntas quando não entende algo, dar sua opinião, fazer perguntas para obter mais informações, até discordar ou mostrar outro ponto de vista e, mais importante, demonstrar interesse. Acredito que bons comunicadores tenham algumas das características abaixo:

- Empatia.
- Escuta ativa.
- Disposição para entender.
- Interesse.
- Paciência.

Você consegue pensar em mais algumas características de bons comunicadores? Qual atitude você gostaria de ver nas pessoas quando está tentando interagir com elas?

_____

_____

_____

_____

_____

Então, da próxima vez que você estiver interagindo com alguém, lembre-se de que são necessárias duas pessoas para que a comunicação aconteça. Você não é a única pessoa responsável por fazer com que a comunicação ocorra de forma eficiente. Tenha isso em mente e tente evitar se sentir culpado, porque você pode estar fazendo o seu melhor enquanto a outra pessoa não está.

A LÍNGUA É SUA!

Vamos voltar um pouco no tempo para a sua infância. Você, provavelmente, não se lembra de suas primeiras experiências aprendendo sua primeira língua, certo? Mas você pode ter algumas lembranças da pré-escola, do ensino fundamental e, mais tarde, no ensino médio. Você consegue se lembrar de algum momento de sua vida em que você estava aprendendo sua primeira língua e acreditou que ela não fosse sua? Não, certo?

O mesmo NÃO acontece quando estamos aprendendo uma segunda língua. Para a maioria das pessoas, a segunda língua permanece como algo que não pertence a elas: "Falo inglês, mas não é a minha língua". Mas por que não? Algumas razões podem ser:

- Eu não nasci em um país em que o inglês é a língua oficial.
- Eu não sou fluente em inglês.
- Eu não sei muito bem inglês.
- Minha primeira língua é _____.

Quero convidar você a refletir por um momento sobre a propriedade da língua. A língua é algo que você pode comprar e chamar de sua? É um produto ou até mesmo uma propriedade? É algo que está totalmente sob nosso controle?

A língua é viva.

A língua não é fixa.

A língua é livre.

A língua é comunicação.

Bem, esses quatro pontos sozinhos poderiam ser o tema de um livro inteiro envolvendo filosofia, linguística, sociologia e outras áreas. Mas como eu disse no início, este livro foi escrito para ser prático e voltado para os alunos de idiomas. Então eu não vou entrar a fundo nessas questões.

O ponto importante para a nossa discussão é que você deve entender que o modo como cada pessoa se comunica não é o mesmo. Em outras palavras, duas pessoas não se comunicam da mesma maneira. Vamos refletir sobre alguns elementos de comunicação:

- Linguagem corporal.
- Pausas e hesitações.
- Entonação.
- Escolha de vocabulário.
- Criatividade.
- Humor.
- Interpretação.

Você consegue pensar em outros elementos envolvidos no processo de comunicação?

Está vendo aonde quero chegar? Cada pessoa tem um jeito diferente de se comunicar. Claro, nós temos muitos recursos em comum. Vou usar uma metáfora para ilustrar meu argumento. Imagine que estamos em um grupo de quatro pessoas. Cada um de nós recebe 10 pincéis, um conjunto de tinta com mais de 20 tubos de cores diferentes e uma tela. Então somos convidados a pintar algo que represente a vida no século XXI. Temos uma ideia de como é a vida no século XXI, certo? Muita tecnologia, capitalismo, guerras e revoluções, depressão e ansiedade etc. Mesmo que tenhamos algumas linhas comuns de pensamento, você acha que vamos ter as mesmas pinturas? Mesmo que tenhamos os mesmos pincéis e tintas, você acha que vamos usar as mesmas cores e contornos? Você acredita que as ideias em nossas pinturas terão pontos em comum?

Nessa metáfora, gostaria de convidá-lo a ver a língua como os 10 pincéis e as tintas com mais de 20 tubos com cores diferentes, e a pintura final seria a mensagem que você quer transmitir quando interage com alguém. A língua é um repertório linguístico. É como aquele quarto da nossa casa em que colocamos muitas coisas. É como um estojo com muitos lápis, canetas, borrachas e lápis de cor. A língua é como uma mala em que você coloca tudo que acha que vai precisar para a sua viagem. Em todos esses exemplos, mesmo que você tenha muitas coisas em seu estojo ou mala, você escolherá o que deseja usar, dependendo da situação ou do que deseja fazer. Mesmo que tenhamos repertórios linguísticos muito semelhantes, cada um de nós irá usá-lo de maneiras diferentes.

Você não pode ser dono da língua inglesa, mas você tem o direito de ser dono do inglês que você fala. Você tem o direito de usar sua segunda língua de forma criativa, como faz com sua primeira língua. Aprender ou falar inglês não deve fazer com que você se sinta inferior ou envergonhado de alguma forma. Tenha orgulho do repertório linguístico que você já tem em todas as línguas e use-o em seu proveito. Tenha orgulho da maneira como você se comunica, da pintura que você faz quando interage com alguém. A língua que você fala é sua!

12

ESTRATÉGIAS PRÁTICAS PARA MELHORAR SUA COMUNICAÇÃO EM INGLÊS

CONVERSAÇÃO

Mantendo a conversação

Muitos alunos acreditam que só serão fluentes quando souberem dizer tudo o que quiserem com as mesmas palavras que usariam para expressar a mesma ideia em sua primeira língua. No entanto o segredo não está em conhecer todas as palavras, mas em saber usar as palavras que você tem de maneira eficaz. Mais importante do que simplesmente saber palavras é aprender como e quando usar estratégias comunicativas.

Estratégias comunicativas são usadas quando queremos alcançar um propósito específico com a língua, ou mesmo quando algo dá errado. Veja abaixo algumas dessas estratégias:

- Fazer perguntas.
- Reagir/fazer comentários.
- Pedir esclarecimentos/mais informações.
- Explicar uma palavra que você não sabe.

Para entender as estratégias mais claramente vamos dar uma olhada nos cenários a seguir.

Cenário 1

Letícia está almoçando com sua colega Lúcia. A conversa vai bem, até que Lucia diz algo que Letícia não consegue entender.

Lucia: this food tastes **funny**.

O que Letícia vai fazer?

a. Fingir que não escutou.

b. Balançar a cabeça e dar um sorriso.

c. Pedir esclarecimento: *funny? What do you mean?*

Há muitas situações em que fingimos que não ouvimos ou apenas balançamos a cabeça e sorrimos para esconder o fato de que não entendemos o que a pessoa disse. Bem, para ser sincera, essas também podem ser boas estratégias em algumas situações. No entanto pedir esclarecimentos não só lhe dá a chance de entender o que foi dito, mas também de continuar a conversa com um comentário ou talvez outra pergunta. Na interação de Letícia, por exemplo, ela poderia ter continuado a conversa com um comentário como *"Mine too"*, ou até mesmo uma pergunta como *"What are you eating?"*.

Em alguns contextos, não entender o que alguém disse pode ser perigoso. Por exemplo, se o seu supervisor está explicando alguns procedimentos que você deve seguir no trabalho, é muito importante que você entenda tudo claramente. Logo, se você não entendeu alguma coisa, não hesite em pedir esclarecimentos.

Cenário 2

Ryu está em uma conversa com seu colega de classe. Eles estão falando sobre carros. Ryu quer usar a palavra "frear", mas ele não consegue se lembrar de como dizê-lo.

O que Ryu vai fazer?

a. Começar a falar sobre outra coisa.

b. Parar de conversar e procurar a palavra no dicionário.

c. Explicar: *"How do you call that thing you use to stop the car?"*.

Manter o fluxo da conversa é muito importante para uma comunicação eficaz. Se você está constantemente checando seu dicionário por palavras que não conhece, você e seu ouvinte podem acabar perdendo a linha de pensamentos e, consequentemente, o fluxo da conversa. Ser capaz de explicar palavras que você não conhece é uma das habilidades mais importantes ao aprender uma segunda língua. Afinal, não somos dicionários.

Cenário 3

O colega de Vi contou a ela que comprou um carro novo. Ele está muito animado com isso.

O que a Vi vai dizer?

a. Great! That's awesome!

b. You really needed a new car.

c. Fazer um comentário e pedir mais informações: *"That's great! Where have you bought it?"*.

Na verdade, nenhuma das respostas acima é ruim. No entanto a opção C traz mais chances de continuar a conversa. Quando alguém está animado com alguma coisa, geralmente está disposto a falar mais sobre aquilo. Se você não fizer perguntas, poderá parecer que você não está interessado em continuar a conversa.

Resumindo, encontrar o equilíbrio entre fazer comentários e fazer perguntas é uma boa maneira de manter o fluxo e o andamento da conversa. Você pode manter qualquer conversa curta se souber como usar essas estratégias. Para conversas mais longas e detalhadas você precisará de mais estratégias, pois você pode precisar dar sua opinião sobre algo, concordar ou discordar, descrever pessoas e lugares etc. Então, se você quer ser mais participativo em uma conversa, você precisa de mais estratégias. Mas se você simplesmente quiser manter conversas breves, vai conseguir se virar bem fazendo perguntas, reagindo/fazendo comentários e pedindo esclarecimentos e informações.

Saber como fazer perguntas como "o que, onde, quando, como e por que" pode levá-lo a qualquer lugar que você queira ir. Aprender a reagir ao que as pessoas dizem vai fazer a conversa fluir mais naturalmente. Pedir esclarecimentos e mais informações fará a conversa durar para sempre.

Chunking

Em vez de aprender palavras isoladas, você deve agrupá-las. Dessa forma, suas chances de colocar as novas informações em sua memória de longo prazo aumentarão. Por exemplo, é mais fácil lembrar a palavra "ótimo" ou a expressão "um ótimo trabalho"? O segundo é mais fácil de lembrar. Primeiro porque tem mais significado. Você pode se imaginar usando essa frase no trabalho ou ao escrever um e-mail. Veja mais exemplos de chunking abaixo.

QUERO LEMBRAR A PALAVRA	VAMOS AGRUPÁ-LAS!
Ran	He **ran** very **fast**.
Beautiful	She is a **beautiful woman**.
Food	I love **seafood**.
Think	**I think so. I don't think so.**

Usando frases mais complexas

Uma das maiores diferenças entre alunos iniciantes e alunos mais avançados é que os iniciantes geralmente constroem frases simples enquanto os avançados são capazes de conectar suas sentenças em estruturas mais complexas. Quando você diz apenas frases simples, às vezes seu discurso pode soar como uma lista de compras. Como assim? Dê uma olhada no jeito que Z se apresenta:

Nível iniciante

Meu nome é Z. Eu sou mecânico.

Eu tenho minha própria loja.

Eu gosto muito do meu trabalho, é muito trabalho.

Eu trabalho com mais duas pessoas.

Eles não têm muita experiência, eu ensino muito a eles.

Não parece uma lista? No entanto esse tipo de estrutura já é esperada porque Z está no nível iniciante. Então é assim que esperamos que Z fale, com base no que ele já sabe. Conforme Z avança em seu desenvolvimento na língua, a forma com que se apresenta provavelmente soará assim:

Nível mais avançado

Meu nome é Z e eu sou mecânico. Eu tenho minha própria loja e, apesar de ter meu próprio negócio dar muito trabalho, eu gosto muito. Eu trabalho com mais duas pessoas, mas elas não têm muita experiência. Então eu ensino muito a elas.

Esse é um exemplo simples de como você pode construir frases mais complexas usando conectores. Se você quiser aprender mais sobre conectores, não pense nos conectores em si, mas na ideia que eles transmitem. Por exemplo, qual é a ideia que você quer transmitir em sua frase? Adição? Oposição? Conclusão? Motivo? Essas são algumas categorias de conectores. Agrupar palavras em categorias facilita a compreensão e a retenção de vocabulário:

Adição: and, besides, in addition...

Oposição: but, however, although, on the other hand...

Conclusão: so, to sum up, in conclusion, all in all...

Razão: because, because of that, for this reason, given that...

Não tenha medo de pausar

Alguns alunos acham que serão fluentes quando conversarem sem pausar ou hesitar. Bem, você faz uma pausa ou hesita em sua primeira língua? Se você pensar um pouco, descobrirá que a resposta é SIM. Nós geralmente não notamos isso porque pausar e hesitar enquanto conversamos é uma ocorrência comum em nosso idioma nativo, o que significa que já nos acostumamos com isso. Se você faz uma pausa e hesita em sua primeira língua, por que você está esperando não fazer uma pausa ou hesitar quando fala uma segunda língua?

Quando comecei a aprender inglês também sentia que pausava demais, que levava muito tempo para pensar sobre o que queria dizer. Acreditei nisso por muito tempo até perceber que costumava fazer o mesmo em português. Cada pessoa tem um processo de pensamento diferente. Alguns precisam de mais tempo para pensar antes de falar algo, outros precisam de menos, ou seja, alguns estão mais preocupados em elaborar o que querem dizer de maneira clara e compreensível, enquanto outros preferem apenas falar e desenvolver a mensagem à medida que falam. Eu sou o primeiro tipo. Eu gosto de ter tempo para pensar sobre o que vou dizer a seguir, independentemente do idioma que estou usando. Assim que entendi isso, eu comecei a relaxar mais quando falava inglês, especialmente ao fazer apresentações. Se estou tendo a oportunidade de falar com uma multidão sobre um assunto importante, quero me certificar de que estou me expressando da melhor maneira possível. E se eu precisar de um pouco mais de tempo para pensar sobre o que quero dizer, tudo bem.

No entanto, pausar após cada palavra pode ser cansativo para o ouvinte e pode mostrar falta de confiança. Além disso, seu ouvinte pode achar difícil seguir sua linha de pensamentos. Por essa razão, minha sugestão é que você pense em grupos de palavras ou ideias. Por exemplo, veja abaixo três maneiras em que eu poderia dizer a frase "A economia brasileira está se recuperando rapidamente por causa de novos investimentos do mercado externo".

PALAVRAS ISOLADAS	The - Brazilian - economy - is - recovering - fast - because - of - new - investment - from - the - external - market.	Este é um exemplo do que você deve evitar fazer. Pronunciar palavras isoladamente leva mais tempo e o ouvinte se cansa facilmente, mesmo que sua pronúncia e construção de frase estejam perfeitas.
AGRUPANDO PALAVRAS	The Brazilian - economy is - recovering fast because - of new - investment from - the external - market.	Este exemplo é melhor do que o outro porque você está tentando agrupar as palavras em vez de pronunciá-las isoladamente. O problema é que, embora as palavras estejam agrupadas, as ideias não estão. Quando dizemos, "the Brazilian," não há nenhuma ideia sendo expressa. O mesmo acontece quando você só diz "the external".
AGRUPANDO PALAVRAS E IDEIAS	The Brazilian economy is recovering fast - because of new investments - from the external market.	Esta frase finalmente tem um bom agrupamento de palavras e ideias. Quando você diz, "The Brazilian economy is recovering fast," você expressa uma ideia completa que ajuda o ouvinte a criar uma imagem mental do que você está falando. Se você se sentir confiante para dar mais um passo, você pode até mesmo agrupar as duas últimas partes "because of news investments from the external market".

Se você, ainda assim, fica incomodado com o silêncio que fica quando você faz uma pausa, aqui vão algumas estratégias que podem ajudá-lo a ganhar tempo de raciocínio.

Ganhando tempo para pensar

FILLERS	Well... / You know.... / I mean .... / Better saying .... / In fact .... / Actually
REPETINDO	Por exemplo, se alguém te perguntar "O que você faria se ganhasse na loteria?", você provavelmente precisaria de tempo para pensar antes de responder. Em vez de ficar em silêncio, você poderia dizer algo como "Bom, se eu ganhasse na loteria, eu provavelmente...". Ou seja, você repetiria a própria frase da pergunta para ter tempo de pensar em sua resposta.
FAZENDO COMENTÁRIOS CURTOS	Para a mesma pergunta com relação à loteria você poderia dizer: "Bom, essa é uma boa pergunta" ou "Essa é uma pergunta difícil de responder, deixe-me pensar..." ou "Isso seria muito dinheiro, eu provavelmente...". Ou seja, antes de responder à pergunta, faça um comentário sobre a pergunta para ter tempo de pensar.

Diga na sua cabeça antes de dizer em voz alta

Se as primeiras palavras que saem da sua boca em uma conversa não forem claramente entendidas pelo seu interlocutor, sua confiança para continuar a interagir provavelmente ficará abalada. É como levar um balde de água fria logo no início da conversa. Para evitar esse sentimento de "soei estúpido" ou "ninguém consegue me entender" ou "meu inglês não é bom", existem algumas estratégias que você pode usar.

Prever situações

É fácil prever o que vai acontecer em algumas situações específicas. Por exemplo, se você for fazer compras:

- O vendedor virá cumprimentá-lo e oferecer ajuda.
- Você cumprimentará a pessoa e dirá se precisa de ajuda ou não.
- Se você encontrar algo de que gostou, irá levá-lo ao caixa.
- O caixa irá perguntar como você vai pagar.
- Você vai dizer como vai pagar.
- O caixa perguntará como você deseja seu recibo.
- Você vai dizer como quer seu recibo.
- O caixa vai te dar uma sacola com o seu produto e desejar-lhe um bom dia.

É claro que algumas variações acontecerão numa interação de compra e venda, mas essa é a estrutura básica de uma interação desse tipo. Agora que você sabe o que vai acontecer, você pode se preparar melhor. Qual seria a primeira coisa que você diria quando o vendedor se aproximasse de você? Existem muitas opções. Diga essas opções em sua cabeça antes de falar em voz alta, mesmo que seja um simples "Hi, how are you?". Lembre-se: se a primeira coisa que você disser soar confiante para você mesmo, provavelmente se sentirá mais confortável para continuar a interação.

Eu sempre faço isso quando vou ao banco. Por exemplo, se vou ao banco sacar dinheiro, digo na minha cabeça "Hi, how are you? I'd like to withdraw $50,00 from my account". Eu sei que parece bobo dizer algo tão simples em sua cabeça antes de dizer em voz alta, mas é tão bom dizer algo e não ter a outra pessoa perguntando: "What did you say?". Isso me dá a confiança de que preciso para manter a conversa e me sentir bem com minhas habilidades linguísticas.

No entanto não estou sugerindo que você faça isso para tudo que for dizer, pois isso, provavelmente, vai deixar sua comunicação mais lenta. Essa estratégia deve ser usada apenas para a primeira coisa que você diz para lhe dar a confiança de que precisa. Essa estratégia é especialmente boa para encontros em que você precisa solicitar serviços ou talvez reclamar de algo.

COMPREENSÃO ORAL

Identificando ideias-chaves

Entender as pessoas na língua que estamos aprendendo é uma das coisas mais difíceis de serem feitas, especialmente em conversas da vida real. Isso acontece porque algumas pessoas falam rápido e às vezes não muito claramente. Outra razão pode ser que elas não expressam suas ideias de maneira bem conectada, o que pode confundir você. E, sim, falantes nativos também podem ser mal articulados! Então pare de sempre se culpar quando não entender alguém. Nem sempre é sua responsabilidade!

Ter uma conversa sobre um tópico que não seja familiar também pode ser um pesadelo. Por exemplo, se no meio da conversa a pessoa começar a dizer alguns nomes de pessoas e lugares que você não conhece, isso pode deixá-lo um pouco confuso. Isso sempre vai acontecer! Em vez de se culpar por não entender ou por ter uma compreensão auditiva ruim, comece a desenvolver estratégias para poder acompanhar e participar de uma conversa, mesmo quando estiver com dificuldades para entender.

Pare de tentar entender cada palavra

Quando você tenta entender cada palavra você sobrecarrega seu cérebro, o que significa que você vai ficar sem energia e atenção mais rapidamente. Imagine que você está em um museu olhando para uma pintura de alguém colhendo no campo. A pintura é chamada de "Uma mulher colhendo". Qual é a primeira coisa que provavelmente chamará sua atenção? A moldura? A grama? Os pássaros voando?

A árvore no fundo? A pessoa colhendo? Provavelmente, você vai primeiro olhar para a mulher colhendo, certo? Primeiro, porque essa é a grande característica da pintura. Em segundo lugar, porque esse é o título da obra de arte.

A mesma coisa acontece nas conversas. Quando prestamos muita atenção a palavras isoladas perdemos a visão geral. É como olhar para o mato e ignorar a mulher colhendo. Palavras são como uma moldura. A moldura não é o mais importante sobre a pintura; o importante é o que está dentro da moldura.

Quando você consegue entender pelo menos as palavras que transmitem as ideias principais em uma conversa específica, tudo fica mais fácil. Como assim? Bem, você pode começar a fazer perguntas específicas com base no que entendeu, em vez de sempre dizer: *"Você pode repetir, por favor"*, ou *"Eu não entendi"*. No exemplo a seguir, Linda está falando sobre sua irmã, mas você só conseguiu entender as palavras em negrito.

> My **sister** is pursuing her **Master's** degree in Marine Biology at the **University** of Michigan. **She needs to get a high** GPA because in this field your academic transcript really counts and she wants to be a GA in university to get free tuition. You know, it's hard to afford **tuition** in American universities. She may get a loan if she can't get a GAship.

Ao olhar as palavras em negrito, você pode pensar que entendeu quase nada, certo? Na verdade, você entendeu o suficiente para participar da conversa e obter mais informações. Com base no que você entendeu, você poderia fazer algumas perguntas interessantes:

- What did you say she is studying?
- Where is she studying?
- What did you say she needs to get?
- Did you say something about free tuition?

Quanto mais palavras-chave você conseguir entender, mais informações você poderá obter. Portanto não entre em pânico quando você perder uma informação quando alguém estiver falando. Apenas respire fundo e use o que você entendeu para entender ainda mais.

Identificando mudanças no som

Por que é tão difícil entender as pessoas dizendo frases simples em situações da vida real? Você já ouviu uma música, não entendeu nada e quando você olhou a letra pensou: "Eu sei todas essas palavras. Como eu não consegui entender essa música antes?

Bem, entender as pessoas na vida real ou até mesmo nas músicas pode ser difícil porque seu cérebro não recebe o que espera. Quando eu tinha 14 anos, por exemplo, aprendi a pronunciar palavras em inglês pronunciando cada letra claramente. Eu dizia "I don't play soccer in the morning" (sim, as frases eram bem nada a ver, pode acreditar!). Muitos anos depois, quando comecei a usar o inglês na vida real, não conseguia entender o que as pessoas estavam dizendo, mesmo nas frases e contextos mais simples. Eu percebi que estava esperando ouvir cada som, mas, na verdade, as pessoas não estavam pronunciando cada som. Elas diziam "I don play soccerine mornin". Existem três fenômenos acontecendo nessa frase.

Exclusão da consoante: o "t" em "don't" desaparece.

Sons conectados: as palavras "soccer", "in" e "the" são ligadas, formando uma única palavra "soccerine".

Enfraquecimento de sons: o artigo "the" fica muito fraco. Em outras palavras, é realmente difícil ouvir o artigo "the" quando as pessoas estão falando.

Se eu continuasse treinando meu cérebro para ouvir sons que as pessoas não iriam emitir, eu ficaria frustrada e não conseguiria entender as interações da vida real. Por isso a estratégia aqui é mudar as expectativas do seu cérebro e criar novos padrões. Nosso cérebro gosta de padrões, repetição e coisas que permanecem as mesmas. Se você conseguir identificar alguns padrões de pronúncia na maneira como as pessoas falam, sua vida ficará muito mais fácil! No entanto é importante ter em mente que existem muitas variedades do inglês, o que significa que o padrão que você encontrará pode corresponder a um grupo específico de falantes, mas não a outro grupo.

Aqui estão alguns fenômenos gerais de pronúncia no inglês americano que podem ajudar seu cérebro a identificar novos padrões na forma como as pessoas falam. As palavras em " " correspondem a como os brasileiros pronunciariam essas frases com base no sistema fonético do português.

- **Auxiliares e modais na forma negativa quando seguidos de outra palavra:** can't, couldn't, don't, doesn't, didn't, shouldn't.
- **Quando uma palavra termina com o mesmo som consonantal que a outra começa:** she speaks slowly, it's a big game, a black car, a good day.
- **Pronomes reduzidos:** I love her = I lover, I told him = "I toldim", I have them = "I have tem".

Contrações:

I am = I'm = "aim".

You are = you're = "yûr".

She/he/it is = She's = "shis","his", "its".

We are = We're = "wiêr".

They are = They're = "thér".

I would = I'd = "aid".

You would = you'd = "iud".

She/he/it would = She'd, he'd, it'd = "Shid", "hid", "irid".

We would = We'd = "wid".

They would = They'd = "deid".

I have = I've = "aiv".

You have = you've = "yuv".

She/he/it has = she's, he's, it's = "shis", "his", "its".

What are = what're = "wátchar".

When are = when're = "whenar".

Ligação de consoante com vogal

Conectar o último som consonantal da primeira palavra com o som consonantal da palavra a seguir.

I told you = tol dyou = "I tou djiu".

He was kicked out = kick dout = "kik dout".

It's a good idea = goo didea = "gurai dia".

Ligação de vogal com vogal

Um som vocálico fraco é geralmente inserido entre duas vogais. Esse som extra funciona como uma ponte conectando as duas palavras.

I'll buy it = buy+**y**it.

I am = I+**y**am.

Who's he? = who+**w**is.

So amazing = so+**w**amazing.

Agora a questão é: "Eu preciso falar assim?". Bem, não necessariamente, mas você definitivamente precisa entender quando as pessoas falam assim. Essa foi apenas uma breve visão geral de alguns padrões de pronúncia que você pode encontrar no sotaque americano. Para realmente entender o discurso natural das pessoas você deve praticar a identificação desses sons em frases curtas e conversas. Da próxima vez que você assistir a um filme ou a sua série de TV favorita, tente prestar atenção em como as pessoas falam. Tenho certeza de que você será capaz de identificar alguns dos padrões apresentados aqui. Lembre-se sempre: PRÁTICA TRAZ PERFEIÇÃO!

ESCRITA

É bastante fácil praticar sua leitura e compreensão auditiva sozinho. Afinal, você pode encontrar textos e áudios em todos os lugares na internet hoje em dia. Além disso, existem ferramentas para ajudá-lo quando a leitura e a compreensão auditiva ficam difíceis. Por exemplo, você sempre pode usar seu dicionário quando um texto é mais desafiador e, quando se trata de ouvir, você pode encontrar vídeos no Youtube com legendas. Mas e escrever e falar? Você pode praticar essas habilidades sozinho? A resposta é SIM! Vamos começar com algumas ideias para melhorar sua escrita.

Algumas pessoas acham que não vale a pena praticar a escrita quando você não tem ninguém para corrigir o que você escreveu. Embora seja verdade que ter feedback é importante, isso também vem da crença de que somos dependentes de outras pessoas para melhorar essa habilidade.

O primeiro ponto-chave é que para melhorar sua escrita você precisa ler muito! Mas tem que ser um tipo diferente de leitura. Você precisa ler com atenção para identificar as estruturas que deseja usar em sua própria redação. Então você precisa ser inteligente e atento!

Existe uma técnica que eu gosto de chamar de "identificando a moldura". Imagine que você está em um museu olhando para uma pintura. Se eu perguntasse a você: "O que você vê nessa pintura?". Você, provavelmente, começaria a descrever a imagem como: *"Há um casal sentado em um banco, eles estão tomando sorvete... Há também algumas árvores ao redor etc."*. Mas uma coisa que você provavelmente não mencionaria é a moldura. Mesmo que ninguém preste atenção na moldura, é justamente ela que apresenta a obra como um todo. Então a moldura é o recipiente do significado.

O mesmo acontece com qualquer texto, seja um livro, um artigo, uma mensagem etc. Prestamos mais atenção ao significado, e não tem nada de errado com isso, porque o significado é a coisa mais importante. Entretanto, se você quer melhorar sua escrita, precisa prestar atenção à moldura, isto é, o que está mantendo o texto unido, o que está possibilitando que você obtenha o significado do que está lendo e desenhar um quadro na sua cabeça. Deixe-me mostrar algumas maneiras pelas quais você pode fazer isso.

Selecionando estruturas

Eu selecionei um trecho de um artigo chamado "Is it better to work out in the morning or at night?". Em seguida, escolhi algumas estruturas e expressões que eu quero usar ao escrever meu próprio texto.

PASSO 1 – Selecione um artigo.

> **Many people find** morning workouts to be their preferred choice **for a variety of reasons. One of the most common reasons** cited is that when you exercise in the morning, you get your workout out of the way. Science also backs up morning workouts in some regards, as morning exercise tends to increase your energy for the rest of the day.
>
> In fact, a morning workout is a lot like breakfast in that it gets your metabolism going. Simply put, you burn more calories all day long just from the sheer fact of exercising in the morning. A study conducted at Appalachian State University also found that morning workouts are preferable if you want a better night's rest. So, is it better to work out in the morning or night? **One more reason** to go with morning is that it's been shown that people who work out in the morning **are overall more likely to** be consistent with their workouts. So pack your breakfast in your meal management bag, and dig in post-morning workout session [...].

Fonte: <https://www.sixpackbags.com/blog/work-morning-night>

PASSO 2 – Liste as estruturas que quer usar:

- Many people find...
- For a variety of reasons
- One of the most common reasons is that...
- One more reason is that...
- People are more likely to...

PASSO 3 – Decida sobre o que você quer escrever incorporando as estruturas selecionadas.

O passo 3 é o mais divertido! Você pode escrever sobre o que quiser. Vou te dar um exemplo. Eu escrevi um parágrafo curto falando sobre mudanças alimentares.

> Many people find it difficult to change their dietary habits <u>for a variety of reasons</u>. <u>One of the most common reasons is that</u> it isn't easy to find healthy food in restaurants. I guess it's not true in big cities because there are more options of restaurants you can go to, but in small cities, it may be really difficult to find good places. <u>One more reason is that</u> it's expensive to buy healthy food. I must say that I've already tried to change my dietary habits, but my grocery budget almost doubled. So, I understand why people complain about buying healthy food. I guess <u>people are more likely to</u> change their dietary habits when they get sick, it's like a wake-up call for you to make an extra effort to have a better diet.

Ao fazer essa prática de três etapas você estará praticando novas estruturas e também reforçando o que já conhece. Você também pode fazer isso selecionando palavras que você deseja usar em vez de expressões. No entanto lembre-se de que é mais fácil e mais eficaz usar combinações de palavras do que palavras isoladas ao aprender outro idioma.

Outra versão dessa atividade é selecionar algumas palavras e frases de um parágrafo do texto original e tentar reescrever exatamente como foi escrito, mas apenas confiando em sua memória e nas palavras e expressões selecionadas. Por exemplo, vamos voltar ao parágrafo sobre exercício:

> Many people find **morning workouts** to be their **preferred choice** for a variety of reasons. One of the most common reasons cited is that when you exercise in the morning, you get your workout **out of the way**. Science also backs up morning workouts in some regards, as morning exercise tends to **increase your energy** for **the rest of the day**.

Agora que selecionei algumas frases, vou confiar na minha memória para lembrar o máximo possível do parágrafo.

- Morning workouts.
- Preferred choice.
- Out of the way.
- Increase your energy.

- The rest of the day.

> Many people like **morning workouts** as their **preferred choice** because they can get it **out of the way** right in the beginning of the day. Besides, it **increases their energy** and allow them to enjoy **the rest of the day**.

Agora, vamos comparar o parágrafo original para ver o quanto fui capaz de lembrar.

> Many people find morning workouts to be their preferred choice for a variety of reasons. One of the most common reasons cited is that when you exercise in the morning, you get your workout out of the way. Science also backs up morning workouts in some regards, as morning exercise tends to increase your energy for the rest of the day.

Bem, como você pode ver, eu consegui transmitir a ideia principal do artigo, mas não consegui me lembrar de cada palavra. Talvez agora eu possa selecionar mais palavras para me ajudar a reescrever o parágrafo. É divertido, não é? Você pode repetir essa atividade várias vezes, alterando, reduzindo ou aumentando o número de palavras selecionadas. É melhor fazer isso com parágrafos curtos, caso contrário você provavelmente ficará cansado mais rapidamente. Outra vantagem em fazer essa atividade é que você não precisa necessariamente de alguém para corrigi-la.

Escrevendo um resumo

Se você estiver no nível intermediário ou avançado, certamente aprenderá muito com a atividade a seguir. O objetivo é identificar as ideias principais em um texto para escrever seu próprio resumo. Primeiro, você precisa selecionar um artigo da internet ou uma revista, não mais que uma página, senão você ficará exausto antes mesmo de completar a atividade. Em seguida, você lerá cada parágrafo e fará anotações das principais ideias. Por fim, você vai começar a escrever seu próprio resumo com base nas principais ideias identificadas.

No exemplo a seguir selecionei dois parágrafos de um artigo para mostrar como fazer isso.

	TEXTO ORIGINAL	IDEIAS PRINCIPAIS
Parágrafo 1	Many people find morning workouts to be their preferred choice for a variety of reasons. One of the most common reasons cited is that when you exercise in the morning, you get your workout out of the way. Science also backs up morning workouts in some regards, as morning exercise tends to increase your energy for the rest of the day.	Why work out in the morning? = get it out of the way and increase your energy for the day.
Parágrafo 2	In fact, a morning workout is a lot like breakfast in that it gets your metabolism going. Simply put, you burn more calories all day long just from the sheer fact of exercising in the morning. A study conducted at Appalachian State University also found that morning workouts are preferable if you want a better night's rest. So, is it better to work out in the morning or night? One more reason to go with morning is that it's been shown that people who work out in the morning are overall more likely to be consistent with their workouts. So pack your breakfast in your meal management bag, and dig in post-morning workout session.	Morning workout increases your metabolism = burns calories all day. Improves your sleeping. More likely to become a routine.

Ideias principais identificadas! Agora é hora de escrever meu resumo:

> The article talks about the benefits of having a morning workout. In the first paragraph, the author presents some reasons why people prefer to work out in the morning. Among these reasons are the desire to get it out of the way and get a boost of energy for the rest of the day. The second paragraph presents some facts proven by science that show how a morning workout can increase your metabolism, burn more calories throughout the day, and improve your sleeping. In addition, the chances of exercising becoming a routine increases if you work out in the morning.

Ao final dessa atividade, sugiro que alguém corrija seu resumo. Se você não tem um professor para fazer isso, talvez possa pedir a um amigo ou encontrar alguém na internet em sites para pessoas interessadas em aprender outros idiomas. Talvez você possa encontrar alguém que queira aprender sua língua. Assim, vocês poderão trocar conhecimento.

Como as coisas funcionam

Essa atividade é muito divertida! Você tem que explicar como algo funciona. Parece simples, mas na verdade requer alguma reflexão e pesquisa. Eu selecionei duas situações para colocar isso em prática.

How to wash the dishes
You will need a sponge, detergent, water, and some dirty dishes. First, soak the dirty dishes. Then, add the soap to the sponge and wash the dishes. Rinse the dishes and let them dry. When it's all dry, put the plates and pots back to the cupboard.
How to make mashed potatoes
If it's just for one person, you'll just need two potatoes. Wash the potatoes, peel it and cut into small pieces. Boil a half-pan of water, add some salt, and put the sliced potato in the boiling water. Let it boil for 15 minutes. When the potato is soft, take it out of the water and smash it. Add butter and milk and mix everything.

O ponto-chave dessa atividade é aprender e praticar palavras que são usadas para descrever ações do dia a dia, no trabalho, na escola etc. Você, provavelmente, vai ter que procurar palavras no dicionário e não há problema algum quanto a isso. Graças ao Youtube, você pode até encontrar vídeos em que as pessoas explicam como fazer coisas. Ao assistir esses vídeos, você também pode aprender palavras para descrever ações específicas e escrever seu parágrafo utilizando essas mesmas palavras. Se você quiser verificar se usou as palavras corretamente em suas frases, pode até mesmo pesquisar no Google "como fazer purê de batatas", por exemplo, e comparar suas instruções com as instruções que outras pessoas dão em textos online.

Recursos

Existem alguns recursos que você pode usar para se certificar de que está escrevendo corretamente. Veja alguns deles a seguir:

Dicionários monolíngues

Um dos erros mais frequentes cometidos por pessoas que escrevem em inglês, sejam falantes nativos ou não nativos, é usar preposições incorretamente. O que poucas pessoas sabem é que é muito fácil verificar a preposição correta para usar com palavras específicas se você verificar o dicionário.

Imaginemos que você queira escrever "Eu sou bom em aprender línguas" em inglês, mas você não sabe qual preposição usar com "bom". Primeiro, você precisará digitar a palavra "good" no seu dicionário online. Em seguida, você verá uma página com todas as definições possíveis para essa palavra. Nesse caso, a definição que você estaria procurando é "to be able to do something well". Depois de encontrar a definição desejada, você se concentrará nas estruturas e nos exemplos. Você verá que a preposição que você deve usar para dizer "ser bom em algo" é "to be good AT something".

Ao usar o dicionário, é importante conhecer as principais categorias de palavras: verbos, substantivos, adjetivos e advérbios. Por exemplo, a palavra "demand" pode ser um verbo ou um substantivo. Verbo: I demand that you give me my money. Substantivo: I had a big work demand last week. Portanto, se você não tiver certeza sobre como usar essa palavra, poderá ver alguns exemplos no dicionário, mas verifique se está vendo a categoria de palavra correta.

Meu dicionário on-line favorito é o Macmillan.com. O melhor é que você pode ter acesso a todos os recursos desse dicionário de graça.

Dicionários de collocation

Você já ouviu falar sobre "collocations"? Colocations são palavras que se combinam. Por exemplo, "quick" e "fast" significam o mesmo que "rápido", mas as pessoas nunca dizem "quick food" ou "rapid food". Em vez disso, elas sempre dizem "fast food", porque isso é uma collocation.

Eu recomendo o *Oxford Collocation Dictionary*. No entanto, não consegui encontrar uma boa versão online. Então, você teria que comprá-lo, mas vale a pena, especialmente o que você pode instalar no seu computador. Se você não quer gastar dinheiro, eu recomendo o ozdic.com.

Saber usar as collocations é importante para deixar o texto mais natural e fluido e aumentar as chances de você ser entendido com facilidade. Além disso, como eu disse antes, é mais fácil aumentar seu vocabulário aprendendo palavras em combinação do que isoladas.

Onde encontrar bons textos?

Lembra que eu disse que para melhorar sua escrita você também precisa ler muito? O problema é que pode ser difícil encontrar textos que não sejam tão difíceis ou tão fáceis que o façam desanimar. Minha primeira sugestão é a revista *Speak Up*. Você pode encontrá-la em grandes bancas de jornal e também online. Essa revista é excelente porque especifica o nível de cada texto e também inclui glossário com explicações para algumas palavras do texto. Além disso, inclui uma variedade de tópicos para que você não fique entediado.

Outra sugestão para encontrar textos interessantes e variados é o site newsela.com, em que você pode ler artigos gratuitamente. Os tópicos incluem ciência, história, matemática, ciências sociais, política, saúde etc. Newsela é incrível porque te dá a opção de escolher qual habilidade de leitura você quer focar dentre as seguintes opções: R.1: o que o texto diz; R.2: ideia central; R.3: pessoas, eventos e ideias; R.4: significado e escolha de palavras; R.5: estrutura de texto; R.6: ponto de vista, finalidade; R.7: multimídia; R.8: argumentos e reivindicações. Além disso, cada artigo vem com atividades para ajudar você a melhorar essas habilidades.

Você também verá para qual nível o artigo é sugerido, sendo as opções: ensino fundamental I e II e ensino médio. Quando você acessar o site perceberá que ele está focado no inglês como primeira língua, não como segunda língua. Você pode pensar: "O artigo é para crianças e adolescentes, então eu provavelmente não vou me interessar". Bem, você pode se surpreender quando clicar em textos para o ensino fundamental, por exemplo, porque eles não são fáceis e existe uma variedade de tópicos. Tenho certeza de que você vai aprender muito com eles.

Algo que adoro fazer com meus alunos é ler comentários que as pessoas escrevem sobre artigos, vídeos ou até mesmo nas mídias sociais. Você ficará surpreso ao ver o quanto você pode aprender com eles. Você usa Linkedin? Caso use, eu recomendo que você encontre artigos sobre o Linkedin e leia os comentários que as pessoas escrevem sobre eles. Como o Linkedin é supostamente um lugar em que as pessoas querem mostrar suas credenciais e habilidades profissionais, elas tendem a ser mais cuidadosas com suas palavras e com a forma como expressam suas opiniões. Dessa forma, você pode encontrar muitas frases boas para opinar, discordar, concordar etc., nos comentários que as pessoas escrevem. Então você pode usar as atividades de escrita que sugeri para selecionar frases dos comentários e escrever os seus.

Google Tradutor

O Google Tradutor não é a melhor ferramenta para traduzir palavras fora de contexto. Se você quiser traduzir uma palavra em particular, o dicionário *wordreference.com* é uma boa ferramenta, pelo menos para a tradução em português. Se você estiver no nível iniciantes e não tiver muito vocabulário para escrever, você pode explorar a língua usando o Google Tradutor, escrevendo frases ou parágrafos no seu idioma e comparando com a tradução em inglês. Comparar a tradução do seu idioma nativo para o inglês ou vice-versa é uma maneira divertida de explorar as diferenças e semelhanças entre os dois idiomas. Além disso, você ficará familiarizado com estruturas de frases em inglês. A estrutura de sentença mais comum é o sujeito + verbo + complemento, muito semelhante ao português e espanhol.

Se você estiver no nível intermediário, um bom exercício para ajudá-lo a prestar atenção aos detalhes quando estiver escrevendo e descobrir o fluxo natural do idioma é escrever um texto curto no seu idioma, traduzir para o inglês usando o Google Tradutor e corrigir a versão do Google Tradutor. Estando no nível intermediário você terá conhecimento linguístico suficiente para detectar alguns erros cometidos pelo Google Tradutor e, dessa forma, testar seus conhecimentos de língua e reforçar o que você já sabe.

PALAVRAS FINAIS DA AUTORA

Espero que você tenha gostado de ler este livro tanto quanto eu gostei de escrevê-lo. Na verdade, eu não posso mentir para você dizendo que esse processo foi só alegria. Escrever este livro também foi uma grande luta porque tive que aplicar todas as estratégias que compartilhei com você ao longo deste livro: ser consistente, sentir orgulho de minha língua, acreditar em mim mesma, ter um growth mindset etc. Como você sabe, é mais fácil dizer às pessoas o que elas devem fazer do que fazermos nós mesmos. Tenho orgulho de ver que consegui ensinar pelo exemplo! Então eu tenho mais uma razão para dizer que tudo que eu compartilhei com você neste livro realmente funciona!

É incrível ver o quanto aprendemos quando compartilhamos. Inicialmente, comecei a escrever este livro para ajudar as pessoas a se sentirem mais confiantes na sua comunicação em inglês. No final, vejo que me ajudei primeiro antes de ajudar aos outros. Todos nós temos inseguranças. Durante nossa jornada, sempre temos momentos de duvidar de nós mesmos, não importa a área de nossa vida. Então, se você já superou algumas inseguranças, vá em frente e compartilhe com os outros como você fez isso. Precisamos nos ajudar! Eu superei algumas inseguranças que tive com minha comunicação em inglês, mas ainda tenho meus momentos de duvidar de mim mesma. Por isso estou sempre procurando maneiras de ajudar a mim mesma e aos meus alunos.

A última mensagem que eu quero deixar é que você nunca pare de investir em si mesmo: divirta-se aprendendo coisas novas e lembre-se que o conhecimento é a única coisa que ninguém pode tirar de você. No futuro, é muito provável que tenhamos tradução simultânea por meio de dispositivos que você poderá encontrar em qualquer loja. No entanto nada tirará o prazer e a aventura de descobrir novos mundos aprendendo outro idioma.

Obrigada por reservar um tempo para ler este livro, que escrevi com todo o meu coração e alma, suor e lágrimas.

Boa sorte em sua jornada de aprendizado!